LES PRÉJUGÉS

CONSTITUTIONNELS

DE L'AN VI.

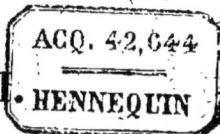

DIGRESSION sérieuse et nécessaire sur la liberté politique.

Quid verum atque decens curo et
omnis in hoc sum.   HORAT.

A PARIS,

DE L'IMPRIMERIE DE B. LOGEROT,

Rue Honoré, n°. 41, vis-à-vis la place Vendôme.

AN VII.

LES PRÉJUGÉS
CONSTITUTIONNELS
DE L'AN VI.

J'ESSAIE de lier méthodiquement dans ce résumé politique un certain nombre de vérités vulgairement connues, qui, prises dans un sens absolu et séparé de leurs rapports, ont mérité dans ces derniers tems d'être décriées et de passer pour des erreurs. Je vais rendre à la circulation, du moins pour quelques jours, les mots si travestis, si baffoués, dé principes, d'esprit public, de liberté politique, de moralité, d'égalité, de haine des rois, d'orgueil national, qui dorment dans notre serment républicain et dans les écrits de quelques sages amis de l'humanité. Si chacun faisait comme moi, ce serait montrer qu'on veut s'instruire des points fondamentaux de la constitution qui nous gouverne, et ce ne serait pas la plus mauvaise preuve d'esprit public.

Qui peut relire sans douleur les faux raisonnemens dont quelques journalistes usèrent l'an passé durant les élections, pour plonger dans l'obscurité la raison publique? Ces faux raisonnemens étaient pris d'un artifice bien familier aux sophistes, de ne montrer qu'un côté de la raison et d'abandonner toutes les autres relations essentielles, comme si toutes les vérités morales et politiques ne tenaient qu'à un seul rapport.

Ils parlaient de la majorité d'une assemblée électorale relativement au danger qu'elle ne soit influencée par une faction, sans rien dire des formes réglementaires et de police, par lesquelles ce danger est combattu dans la constitution même. Ils en concluaient que la majorité numérique n'est pas essentielle à une élection légitime, et c'était dire le contraire du texte littéral de la constitution. Puis entraînés par l'ivresse de leurs folles conséquences, ils ajoutaient que le vœu tacite et intérieur du peuple, toujours incliné vers le bien, était l'unique règle de toutes choses, et ils disaient une absurdité; puisque s'il était donné à un pouvoir quelconque de supposer un pareil vœu de le suppléer, de l'interprêter, la liberté serait détruite; il n'y aurait plus de souveraineté.

Que n'ont-ils pas dit sur les scissions, la révision des choix d'après les qualités morales des élus, sur le droit suprême de la législature, pour accepter ou rejeter sans autre conseil qu'elle-même, sans autre règle que ses délibérations; sur la prééminence des minorités dans certaines occasions; sur la prééminence de la liberté civile dans les états modernes à l'égard de la liberté politique; sur je ne sais quelles définitions baroques de l'amour de la patrie , de la vertu , de la liberté, subordonnées au luxe parasite, à l'opulence , aux industries stériles qui déja envahissent tout, qui , forçant les uns à la servitude par la misère , y disposant les autres par l'amollissement, rendent nulle la république, et comblent l'intervalle qui sépare la monarchie de la liberté ? — Ainsi la violation des droits constitutionnels déguisés en maximes utiles, les principes déguisés en simples façons de penser, le mot de circonstances constamment opposé à la justice , et l'argent plus que jamais le nerf de la guerre et de la paix ; voilà les sentences bannales de leur régénération politique ; les lieux communs de leur code républicain.

Tant de licence , tant de déraison , tant de relâchement , tant d'abandon sur les premiers motifs de nos souffrances , de nos travaux , de nos vertus , pour embrasser les lois de la république ; tout cela mériterait bien d'être traité sérieusement , avec force , avec dignité par quelque philosophe ami de la justice et du gouvernement républicain. Mais l'amour indolent du repos, la crainte de déplaire, peut-être l'incertitude des principes dans des têtes si analytiques ; font que , préoccupés sans cesse de systêmes et flottant dans des opinions , les philosophes ne peuvent plus se fier à eux-mêmes , et que , dans la route de la liberté , un cœur droit qui ne craint que sa conscience , marche plus ferme qu'un esprit savant qui s'engage à tout concilier. Cependant l'on ne prouve point son zèle au gou-

vernement par la défiance qui porte à dissi-
muler ou à se taire ; c'est par la confiance à lui
communiquer sincèrement ses pensées, en lui
parlant comme à un père ; en lui parlant en
homme de bien, et non pas en négociateur
qui, devant l'ennemi, fait plier les principes de
la justice.

CHAPITRE PREMIER.

L'ignorance et l'esprit d'intérêt retiennent les peuples dans la servitude; c'est l'amour-propre qui les affranchit et les maintient dans la liberté contre ceux qui bornent le patriotisme à l'intérêt.

L'IGNORANCE est l'enseigne de l'esclavage, et un peuple esclave est toujours annoncé par un peuple ignorant. Les nations se divisent naturellement en deux parties : la classe instruite et polie par l'éducation, et la classe brute dont l'éducation est l'expérience. Cette classe, comme la plus nombreuse, représente la force ; mais, incapable de combiner les principes qui forment l'accord des mouvemens et l'union des intérêts, si elle ne possède assez d'instruction pour se choisir des conducteurs, ou elle marche tumultuairement, ou elle est gouvernée par l'arbitraire ; c'est un corps animé qui n'a point de centre jusqu'à ce qu'il ait posé une tête intelligente sur lui. D'un autre côté, cette classe est nécessairement la dernière ressource de l'autre, chaque fois que, dans celle-ci, les esprits sont en désunion; et c'est ainsi que les choses humaines font le cercle ; à l'une des extrémités, c'est l'ignorance qui implore le secours de la science ; à l'autre, c'est la science orgueilleuse éblouie par sa propre lumière, qui a besoin de la force aveugle pour se raccorder. Voilà

A 4

l'histoire des empires dans leurs vicissitudes au-dedans d'eux-mêmes et au-dehors.

C'est dans le tempérament de ces deux extrêmes qu'il faut placer l'état naturel d'une nation ; plus l'esprit pointilleux et raisonneur nuit au cours régulier et au mouvement uniforme des affaires , plus l'abnégation de l'ignorance s'oppose à toute administration légitime et à tout système d'ordre public. Dans le premier cas , les esprits ont trop d'action ; dans le second, ils n'en ont pas assez, et l'émanation de la loi se trouve arrêtée par une force d'inertie ; il n'y a point de liberté morale dans l'homme ignorant, car elle réside dans le choix de la volonté ; or la volonté ne peut choisir sans motif , et il n'y a point de motif sans connaissance. L'homme ignorant peut donc souhaiter de ne dépendre que de sa raison ; mais sa volonté n'étant qu'un vœu, il n'a , sur l'objet de ce vœu , ni choix ni jugement à faire : il n'est point libre puisqu'il se sert de la raison d'autrui : on n'a jamais dit d'un enfant qu'il est libre ; et un peuple d'hommes ignorans est précisément dans un état d'enfance : il est guidé par des tuteurs. Tel était le profond abrutissement de ces paysans de la Souabe, lorsque Joseph II, voulant les affranchir de leurs tyrans féodaux , ils s'armèrent et répondirent : Qui nous nourrira si le seigneur qui nous donne à vivre , nous est enlevé ? Telle est encore la stupidité de ces Hongrois qui offrent à l'empereur de se lever en masse pour repousser, loin de chez eux , la liberté ; et tel était l'aveuglement du peuple français, avant l'époque de la révolution. Par-tout où les lumières ne peuvent pénétrer, l'amour-propre se retire ; chacun se persuade être vendu à la servitude en naissant, il n'ose plus penser, il craint de se tromper et reçoit superstitieusement les jugemens d'autrui comme des oracles. Que serait-ce dans nos tems modernes où les passions irritées, les besoins étendus par la révolution du commerce et des arts donnent dans notre cœur tant de complices à la tyrannie ? Les premiers peuples de Rome et de la Grèce étaient peu éclairés peut-être malgré leurs orateurs ; mais les bornes de leur commerce les contraignaient d'en mettre à leurs besoins ; aujourd'hui si l'art divin de l'imprimerie n'eut facilité parmi nous la communication des lumières, l'Europe renfermée dans un dédale inextricable de besoins, serait vouée sans retour à la servitude. Car placée, par la navigation, sur les confins des deux hémisphères, et participant à toutes leurs productions, si elle est plus richement située que l'empire romain au milieu de ses provinces, il serait facile de démontrer que l'un ne l'est guère mieux par rapport à la liberté, et la richesse même de ses ressources en est la preuve.

Les états et les particuliers sont régis par les mêmes principes. Les uns subsistent par l'amour-propre ; les autres subsistent uniquement par l'intérêt.

Ici, c'est un peuple asservi qui vit dans l'abondance ; là, c'est un peuple pauvre et usant d'ex-

pédiens, qui ne troquerait point sa gaîté, sa
fierté et toutes les nobles qualités qui en découlent, contre les palais somptueux et les festins
des rois. Parcourez la politique de tous les gouvernemens du monde ; tout se réduit à deux ressorts, ou l'on retient la personne par les biens,
ou l'on retient les biens par la personne : voilà
tout le secret de l'art de gouverner. Dans les
pays ingrats où les biens ne sont rien, les lois se
confient sur les hommes. Bataves, Helvétiens,
Spartiates, Athéniens, c'est dans vos nobles
cœurs que reposa jadis la liberté qui fit l'illustration de vos patries.

Mais, dans les pays même fertiles et cultivés,
ce n'est pas toujours sur les biens que la législation se repose, et il y a souvent plus de sûreté
à se lier aux passions des hommes qu'à leurs besoins. Rome aime mieux se reposer sur elle-
même que sur la terre ; ses législateurs prévoyans
cherchent la solidité dans les facultés de l'homme
toujours actives, toujours courageuses, toujours fécondes, plutôt que dans une terre dont
un accident naturel, l'invasion d'un ennemi ou
tout autre évènement peut subitement dessécher
le sein, plutôt que dans des besoins toujours
plus paresseux et moins ardens que les passions.

Les Romains firent voir à l'univers un phénomène rare parmi les peuples, peut-être unique,
des laboureurs esclaves de leurs travaux, esclaves de leurs propres conventions, et avec
cela maîtres de leurs besoins, maîtres de leurs
ennemis, et aussi fiers, aussi indépendans qu'on

puisse l'être. Ainsi, dans les pays ingrats, la dureté du sol entretient la chaleur active des ames, et, dans les pays d'abondance ou d'industrie, c'est le génie du prince qui doit en prévenir la tiédeur et l'amollissement.

Un peuple est une multitude d'hommes rassemblés sous le même nom, dont chacun a ses besoins particuliers et ses passions. La même cause qui fait la division du genre humain en divers peuples, s'oppose à l'harmonie parfaite des différentes parties d'un seul; d'une part, c'est l'imperfection de la langue commune, et de l'autre, la rivalité des mêmes intérêts. La nature avait déja pris soin de distribuer chaque peuple sur une base distincte; les confins du pays, l'uniformité du climat, celle du sol et des productions avaient fait naître, entre les habitans, celle de s'abriter, de se vêtir, de se nourrir; une ressemblance entre les objets liés aux premiers besoins en faisait une entre les besoins et les idées; le langage se forme, les usages commencent, la prudence s'établit, les règles sur l'exploitation du sol et la distribution des produits s'imaginent; les échanges ferment la chaîne, et les individus par le commerce s'échangeant mutuellement avec leurs denrées, se tiennent déja par le lien le plus fort qui puisse exister entre les hommes, par le lien de l'intérêt.

Il y a loin de ce premier état à celui du luxe et des grandes jouissances; les grands besoins ne sont pas encore nés avec les arts : mais on y voit entre les hommes le même principe de liaison, et c'est encore l'intérêt; le sentiment moral de l'amour-propre qui n'a pu germer sous des mœurs grossières, ne se sent plus parmi la pompe de la richesse et la vanité des décorations. On a commencé par être esclave de ses besoins, on finit par l'être de son imagination. Les tyrans qui ont accéléré cette disposition, l'entretiennent, et le peuple, loin de se sentir uni par l'amour-propre, se trouve divisé par l'intérêt. Écarté de tous les conseils, courbé toujours vers les objets qui nourrissent ses douces habitudes, quels grands rapports a-t-il avec ses compatriotes, si ce n'est d'être sujet du même maître et de payer les mêmes impôts? Ce n'est pas la peine de se vanter de son pays, s'il trouve par-tout les mêmes biens? mais être admis par un droit national à l'administration suprême du grand tout dont il est partie, s'élever jusqu'à la raison publique, mettre son poids dans la balance des destins; pouvoir être, en quelque chose, l'artisan de son propre sort et le bienfaiteur de ses semblables, ah! voilà de quoi être glorieux, de quoi fondre toutes les ames dans l'amour commun de la patrie, de quoi se créer un génie qui d'une vaste population fasse un corps moral.

Il a paru, de tems en tems, de ces ames romaines destinées par le ciel sans doute à perpétuer, à travers l'avilissement des siècles, la trace de la liberté. Les unes ont vaincu, les autres ont succombé; mais toutes ont lutté avec ardeur, et ont fini avec gloire. Ombres de Guillaume Tell et de Franklin, si vos éclatantes ac-

tions sont lues encore avec intérêt par nos vieil-
lards, avec enthousiasme par nos enfans, avec
émulation par nos magistrats, nos citoyens, nos
frères d'armes, représentez-vous souvent à nos
pensées, et rappelez nos cœurs, avides de gloire,
à cette ferme persévérance qui donne un caractère aux saillies passagères d'une impétueuse
vertu : faites que nous sachions nous honorer
enfin de ces cœurs vraiment républicains dont
les traits, rejettés de notre instruction, sont oubliés dans les fastes de notre histoire ; ce vertueux
l'Hôpital, ce brave et austère Catinat, ces graves,
ces courageux magistrats qui, dans les plus vio-
lentes crises d'une cour despotique, n'ont pas
craint de consacrer leurs noms à l'immortalité
par un courage et une vertu que la liberté ne
désavouerait pas.

Y a-t-il un seul républicain qui, parcourant
les séances du parlement de Paris durant nos
troubles, ne vienne s'asseoir avec honneur sur
les bancs de ces magistrats, et, du haut de ces
sublimes gradins, ne crache point avec mépris
sur les chambres vénales de ce parlement de
Londres ? Voilà l'image de la véritable liberté ;
c'est l'orgueil même de la vertu ; l'intérêt seul
d'un bien-être sensible ne produit point de si
généreux élans ; et quoique la liberté politique,
comme institution, soit, ainsi qu'il sera dit ailleurs, la principale caution qu'on puisse donner
de la propriété, de la sûreté et de la liberté elle-
même, ce n'est pas précisément l'amour de la
sûreté personnelle et de la propriété qui lui

donne sa forme ; ce n'est point la probité molle et passive d'un bon bourgeois ; c'est l'amour de l'indépendance soumise à la raison ; c'est l'ambition de faire plier sous le joug de la vertu le pouvoir qui veut la combattre ; c'est la gloire de montrer en soi la réunion des deux plus grandes qualités qui puissent élever un mortel aux yeux de ses semblables, de surmonter la force injuste des puissans, et d'entraîner après soi les cœurs par le doux mouvement de la reconnaissance. Ainsi commence la vertu patriotique qui s'enflamme par l'exercice, qui se passionne tellement pour tout ce qui se rapporte à elle de près ou de loin, qu'elle ne craint point, au fort de son audace, de prendre tout un peuple sous sa loyale protection.

Les histoires sont pleines d'exemples de peuples d'esclaves, abandonnant leurs terres à l'approche de l'ennemi ; mais il n'y a pas un peuple libre qui ne se soit fait massacrer sur son terrein, avant d'y laisser établir d'autres lois. Quel est cette fierté mâle, cet entêtement de patriotisme qui aime autant son pays que soi-même, qui aime les lois comme son ouvrage, dont l'incorruptible équité veille sans relache autour des magistratures publiques, et qui présente un front d'airain aux efforts conjurés des factions ? Est-ce le froid calcul de l'intérêt ou le profond sentiment de la raison qui commande cette énergie ? non, le bien personnel qui résulte de l'intérêt général est trop loin du sentiment présent qui alors tourmente nos ames ; il n'y a que les fortes inspirations d'un orgueil magnanime, capables d'élever l'homme au-dessus de lui-même, de l'identifier à des objets abstraits, et de lui faire braver des dangers réels sans autre bien que sa conscience et l'opinion.

Je viens de montrer de loin le modèle du vrai patriote, sans croire pour cela qu'il soit donné aux hommes de l'égaler ; mais il suffit de peindre au cœur humain le beau moral pour le lui faire aimer, et lui faire desirer d'en pouvoir ébaucher la copie. Je suis persuadé que si les fonctionnaires peuvent jamais devenir populaires, et porter dans les fêtes patriotiques un cœur pénétré ; si la sainte image de la candeur républicaine éclate un jour sur leurs joyeuses physionomies, et se répète souvent en paroles, en doux propos, en témoignages de cordialité ; si l'on donne aux enfans, pour instituteurs, des hommes qui aiment l'enfance et la modestie dans les mœurs, la liberté poussera des racines en France, et nous respirerons un air plus pur. Mais il ne s'agirait guères moins que d'une entière réforme, et je croirai me placer sur la route des instituteurs, si je montre combien le caractère indigène des Français, est opposé à l'esprit de leur nouvelle législation.

CHAPITRE II.

L'amour - propre qui fait la base du génie français,
n'a point d'affinité avec celui qui compose l'esprit
républicain et patriotique. — Contre ceux qui sup-
posent, en France, un grand esprit public.

LE défaut de précision dans le discours, l'abus
des mots et principalement l'habitude de dissi-
muler ses propres pensées, ont porté les maîtres
de l'Europe à donner, à leurs peuples, le nom
collectif de nation, à l'imitation des peuples
anciens. On a dit : la nation anglaise, la nation
espagnole, italienne, etc., et l'on n'a point dit :
la nation persanne, la nation indienne, siamoise;
à peine même peut-on dire, et depuis peu, la
nation turque; soit que les gouvernemens de
l'Asie soient moins hypocrites que les nôtres,
soit qu'effectivement il y ait moins de liberté
chez eux que chez nous. Je sais que l'on dira :
la nation des Iroquois, la nation des Caraïbes,
la nation des Tartares, des Indiens, des Sia-
mois, etc.; mais on ne dira point : la nation
iroquoise, la nation caraïbe, tartare, mogole, etc.;
parce qu'un peuple, pour être une nation, doit
avoir un génie. Un Espagnol peut avoir le génie
différent d'un Italien, et un Italien d'un Anglais,
sans dire, pour cela, qu'aucune de ces nations
ait

ait un génie, si on excepte néanmoins les Anglais qui peuvent se ressouvenir encore des droits politiques qu'ils ont exercés, et les Français qui commencent à naître. C'est que chacun de ces gouvernemens ayant les mêmes maximes, les nations ne sauraient acquérir un caractère distingué qui réfléchisse l'empreinte de leur génie.

Mais de tous les phénomènes que la politique ait jamais offert à l'intérêt du philosophe, un des plus curieux et des plus instructifs, est de considérer par quelle succession de circonstances singulières, une nation douce, spirituelle, enjouée a été portée à tourner son génie vers l'administration. La vanité, le goût de paraître, la légèreté identifiés avec cette nation depuis des siècles, ont tout amené. L'ignorance et la soumission aux nobles propriétaires dans l'origine, la dureté du gouvernement féodal forcèrent le génie de nos ancêtres, vif et animé, mais né dans la servitude, de se tourner vers les bagatelles dès le berceau ; naturellement gais sur un terrein prospère, brillans comme le soleil de leur climat, leurs ames puisent déja leur chaleur dans les petites rivalités de la vie privée. L'Allemand se battait encore, l'Italien était dans une continuelle agitation, les Anglais vivaient dans leur île isolés entr'eux comme des sauvages, et l'Espagnol cultivait en paix ses provinces sous le gouvernement de ses rois, lorsque la France, réunie sous différens chefs, sans commerce et presque sans chemin, montrait, parmi l'agitation des partis, une fidélité, un dévouement à ses

B

chefs inconnu aux autres peuples ; avide de se produire et de s'échapper au-dehors , la vivacité de ses habitans ne leur permet pas de se renfermer en eux-mêmes , et ce que le penchant , les lois ou la religion produisaient dans d'autres pays , l'amour de l'opinion , l'ambition d'être loué , d'être recherché , le faisaient chez nos ayeux. Ainsi l'on s'enivrait dans le nord , on y était hospitalier comme on l'a toujours été ; on se livrait à la débauche dans le midi. Nos ayeux étaient plus délicats dans les plaisirs , et ils ne prenaient du vin que cette sève pétillante de leurs côteaux faite pour enflammer la gaîté , et non pour l'absorber.

Mais plus curieux d'attirer les regards , que de jouir de lui-même , dans tous les siècles , vous voyez le Français tantôt martyr , tantôt esclave de l'opinion , prosterné devant son idole comme les Carthaginois devant le dieu du commerce , et les Romains devant celui des combats. Dans les croisades , dans l'expédition de Guillaume le conquérant , et dans d'autres excursions , le desir de l'admiration impatient de sortir du sein du pays , se donne en spectacle à l'Europe , et soit que la religion par la piété , ou la chevalerie par la défense de la vertu et la protection du sexe , indiquent les causes de nos antiques institutions , l'observateur n'y voit que des prétextes que le génie national met en scène pour les faire jouer à son gré. Tout plie , tout est soumis à l'ambition d'être loué en toutes choses ; et un jour , on s'informera moins si telle conduite est digne de louangé, que si elle est louée ; enfin, si elle est louée, que si elle fait du bruit.

Les arts de l'imagination succédant à l'éclat des armes, au brillant de la chevalerie, la littérature, avec ses formes agréables occupèrent, comme tous les peuples, nos ancêtres après les contes de sorciers et les romans : mais l'Angleterre fut la première qui apprit à penser à la France, et sans Newton, Descartes eût peut-être continué d'être méprisé par ceux qui influent sur l'ordre public ; la révolution commença, comme on devait s'y attendre, par la vanité : les deux nations avaient toujours été ennemies et rivales, la France, satisfaite de l'emporter en valeur, en politesse, modes, galanterie et par tous les avantages brillans et extérieurs, laissait à sa rivale le goût des mœurs, de la philosophie, de la liberté, des sciences, qui soutenaient son existence maritime, et les autres qualités solides qu'elle dédaignait, parce qu'elle ne les connaissait pas. Newton, honoré par la cour de Londres, et recherché, est conduit par ses combinaisons géométriques à déterminer la figure de la terre, et il l'annonce avec éclat à l'univers. Pour une nation vive, accoutumée à ne saisir que la superficie des choses, la figure de la terre était une image bien propre à piquer la curiosité ; mais Cassini contredit ouvertement Newton ; la vanité se déclare, et le projet d'un voyage à l'équateur achève de tourner la tête à ce peuple toujours amoureux d'expéditions brillantes et de nou-

veautés. Bientôt le résultat de ce voyage ayant
confirmé les calculs de Newton, les esprits encore échauffés de la première impression, et
excités par la victoire de l'adversaire, se hâtent
d'enlever à la poussière des écoles les livres de
Descartes, et de les opposer aux Anglais ; les
cendres même de ce grand homme reçoivent,
par vanité, des honneurs dont la vanité les avait
privées, et les académies retentissent par-tout
de son éloge suranné : cependant la vanité française vient d'être mise à l'épreuve de l'étude, et la
vérité, qui en est le fruit, fait encore triompher
Newton. Deux triomphes dans un rival pour
une nation si sensible à l'éclat de la renommée,
sont pénibles à supporter ; mais le Français,
lorsqu'il s'agit de vanité, n'est plus frivole, et
on le vit embrasser alors les sciences avec la
même patience et le même zèle qu'il en met à
completter sa parure et à soigner son vêtement.

Enfin les lettres se retirent devant les sciences,
et les sciences introduisent à leur tour l'esprit
français dans le sanctuaire de la philosophie ;
comme l'imagination précède chez tous les peuples la raison, il était naturel que chez un peuple
où l'imagination domine, les esprits fussent frap-
pés d'abord de la physique avant de se livrer à la
métaphysique, et l'étude de la matière devait
précéder l'étude de l'ame ; mais chez un peuple
où la vanité décide, l'ordre avait été tracé plutôt
par la vanité que par l'imagination : déja l'heu-
reuse fécondité de la France opposait des géo-
mètres, des astronomes et des savans dans toutes

les parties à l'Angleterre, et elle l'avait surpassée
dans plusieurs. Ces savans répandus dans le
monde, accueillis par le goût général, honorés
par la vanité, n'avaient pas renfermé leurs travaux dans l'étude des sciences; l'habitude de
réfléchir et une raison plus exercée leur ayant
fait appercevoir les abus de la religion et le danger de ses erreurs, ils attaquèrent des sentimens
funestes à la société humaine; la révocation de
l'édit de Nantes leur en ouvrait le champ, et de
tems en tems les persécutions du clergé, les
actes fanatiques des parlémens, les superstitions
populaires, rechauffaient leur censure et faisaient
ressortir leur courageuse véracité. Il est certain
que l'étude des sciences excitée avait déjà élevé
la raison publique, trop au-dessus des antiques
maximes de l'église et de la magistrature; la religion tombait dans le décri : mais comme le
clergé s'en était servi pour s'ingérer dans les affaires civiles pour y introduire divers abus, les
attaques dirigées contre la religion devaient
enfin retomber sur l'administration publique,
et c'est ce qui arriva; l'entreprise de l'encyclo-
pédie à l'époque où la rivalité des connaissances était la plus grande entre la France et l'Angleterre, acheva de ruiner le gouvernement et
la religion. Ce fut un centre autour duquel se
rallièrent les esprits et se formant en parti,
marchèrent dès-lors en ordre de bataille à la révolution; là s'ouvre une carrière où, malgré le
conflit de tant d'intérêts, de tant de passions,
de tant de vertus et de crimes, la vanité fran-

çaise se fait encore remarquer. Chaque acte de l'assemblée nationale est une mode, chaque mouvement populaire change quelque chose au costume français ; le tour de la cour est passé ; c'est au peuple à occuper la frivolité du peuple, à compter chaque jour par une belle action ; à l'attacher à sa parure et à en rire. Mongolfier, Cagliostro, Mesmer ne sont plus ; c'est Necker, c'est d'Orléans, c'est Mirabeau dont on raffole tour à tour, que l'on met sur les éventails, les mouchoirs, en chansons et en pastilles. C'est l'habit de garde national dont la nouveauté amuse, dont chacun veut se parer aux dépens de son entretien ; avec cela l'on continue de marcher de prodige en prodige. L'Europe admire et le Français est content.

Mais l'époque de la fédération vient nous offrir un autre spectacle. C'était la première fois depuis treize siècles que le peuple avait été convoqué ; la première fois qu'il était réuni ; le motif, la beauté du champ, la majesté du spectacle répétés sur tous les points de la France le même jour, et racontés encore dans toutes les villes par leurs députés à Paris ; l'influence que le citoyen commençait d'avoir sur ses propres destinées depuis l'armement général, dûrent être des motifs d'étonnement et de réflexion. Les sociétés patriotiques où l'on se préparait à parler, où l'on allait s'instruire, donnant une autre direction à l'amour-propre, lui ajoutèrent un véhicule nouveau dans l'intérêt ; en même tems l'exercice militaire, le service, les évolutions et la guerre qui venait au dehors d'éclater ; sous l'assemblée législative, l'ascendant de la commune de Paris, l'affiliation des sociétés et leur masse toujours croissante ; sous la convention, les luttes de la Gironde et de la Montagne, qui divisaient les départemens ; le danger de la patrie proclamé, les frontières envahies, la levée des Français en masse ; les comités de surveillance où le peuple était tantôt instrument, tantôt victime, l'usage des réquisitions militaires et civiles, le tribunal révolutionnaire et le maximum. Toutes ces circonstances réunies ou successivement amenées, avaient identifié le génie national à la patrie par un autre lien que celui de la vanité. Le peuple était fier de gouverner ; il se croyait sur la même ligne que ses fonctionnaires, il croyait marcher à son but ; mais ses erreurs et les crimes de ses chefs, venaient enfin de lui faire prendre en haine sa propre souveraineté. Tant que la nation avait été tenue loin des affaires, elle avait dû regarder l'administration de ses intérêts comme un objet purement étranger ; elle avait dû tourner son amour-propre tout entier du côté des plaisirs et des agrémens de la vie. Faut-il s'étonner, qu'après avoir fait du maniement des affaires une si funeste expérience, elle se montre si ardente aujourd'hui à ressaisir son penchant naturel, et qu'elle ait tant d'insouciance et d'abandon pour les intérêts publics.

La nation se divise actuellement en quatre classes, les indigens, les riches, la moyenne classe et les militaires. Les indigens et les riches n'ont point de patrie : les uns, parce qu'avec l'argent ils sont propriétaires de l'univers, et qu'en général leur ame est dans leur cassette ; les autres, parce que leur ame concentrée ne tient à rien, et que le corps qu'elle traîne, est repoussé de la société entière. Ce n'est que dans la moyenne classe qu'il peut y avoir d'esprit public. Les militaires forment un corps dont les mœurs et la situation n'ont aucune analogie avec les mœurs nationales, et rien n'est plus absurde que d'arguer de l'esprit qui régne aux armées à l'esprit qui régne à l'intérieur, comme l'expérience l'a prouvé. Tout ce que l'héroïsme martial a de plus grand, tout ce que la victoire peut donner de force à l'amour de la républi- que, de magnanimité, de générosité, d'enthou- siasme, est dans les camps. C'est l'armée qui a sauvé de l'opprobre le nom français en même tems qu'elle a protégé le territoire de la répu- blique. L'influence de la victoire s'étend encore jusque dans nos foyers, pour en arracher une jeunesse sensible et ardente. Elle visite si sou- vent nos maisons, que non-seulement elle excite l'émulation des enfans, mais elle console la dou- leur et la vieillesse des pères; l'intérêt qui suit nos guerriers, chasse du cœur des citoyens les peines domestiques, ils se surprennent chantant l'hymne des combats, et s'ils sont muets aux fêtes, ils retrouvent bientôt la voix pour célébrer les triomphes de nos héros : combien de fois la gloire n'éclaira-t-elle point des yeux obscurcis

par les larmes ! Ah ! il suffit d'être Français pour
être toujours sensible à la valeur. Quelle est donc
la différence de cet esprit à celui de la république ? cette différence est celle du gouvernement
monarchique au gouvernement républicain. Le
Français est naturellement brave, généreux,
spirituel, sensible ; mais il est frivole et vain.
Toutes ces qualités ont brillé du plus bel éclat
sous Louis XIV. Il est plus sociable qu'aucun
peuple ; mais par-là même il est moins attaché
qu'aucun à son pays ; car le cœur n'est pas sus-
ceptible d'une expansion indéfinie ; s'il gagne en
étendue, il perd en énergie ; il faut le circons-
crire pour le fixer. L'Anglais, le Hollandais et
les autres peuples voyagent par nécessité de commerce, et reviennent chez eux ; le Français se
fait un besoin de voyager, et souvent ne revient plus chez lui. Il y aurait des vues excel-
lentes à tirer pour la réunion du genre humain
du caractère de ce peuple ; mais il est douteux
que ce caractère et l'esprit patriotique pussent
jamais compatir ; il y a un peu plus d'analogie
pour un peuple qui hait dans son ame tous les
autres, afin de s'unir plus fortement à ses concitoyens ; du moins la haine qu'il leur porte lui
fait une nécessité de rester chez lui. On a appelé
le Français l'enfant gâté de l'Europe, et on lui
donne un génie d'imitation, tel qu'il copie au naturel toutes les nations jusqu'à la méprise ; c'est
assez dire qu'il n'a aucune forme nationale réellement : sa qualité d'homme aimable est celle
dont il est le plus jaloux ; il la promène avec

complaisance chez ses voisins, qui la lui envient.
Faut-il s'étonner qu'il préfère à ses compatriotes
ses admirateurs?

Il est donc vrai que le goût des prétentions frivoles et l'extrême sociabilité nuisent, en France,
à l'esprit de patriotisme; l'une, par l'insouciance
qu'elle inspire sur l'administration publique,
l'autre, par le réfroidissement où elle nous laisse
envers la patrie et ses habitans, puisque ce qui est
donné aux étrangers, est autant d'enlevé à ses
compatriotes, et que ce que la société a gagné par
le desir d'y être aimable, l'état l'a réellement
perdu (1). Que serait-ce si, regardant les traits
de cette prodigieuse sociabilité à travers la corruption rafinée de ce siècle, nous trouvions que
cette facilité dégénérée n'est plus, en ce moment,
que l'imposture du vice qui joue, en se moc-
quant, le rôle de toutes les vertus.

Qu'est-ce en effet qu'un homme aimable dans
nos sociétés? N'est-ce pas très-souvent l'homme
le plus odieux et le plus dur dans sa famille? Et
aurions-nous oublié cet éloge encore récent,
donné en plein théâtre par nos compatriotes à
ce caractère odieux du méchant, sous lequel la
comédie enveloppait leurs propres traits?

Je dis plus, je soutiens que cette épidémie
philosophique, qui a si bien décomposé sous nos
yeux les ressorts de l'ancien gouvernement, a

(1) Lisez dans les considérations sur les mœurs de ce siècle, le
chapitre des gens à la mode dans lequel le caractère de l'homme
aimable qui est l'excès de la sociabilité y est peint sous les cou-
leurs les plus révoltantes.

pénétré encore plus loin, et qu'elle est parvenue à décomposer nos ames. Que cette démangeaison de littérature, cette fourmillière de sophistes subitement éclos, ayant successivement dépouillé le Français de ses sentimens, a rongé jusqu'au fond de cette inépuisable sensibilité, de ces touchantes illusions, qui fixent aux objets que l'on ne peut définir par la pensée ; que ces noms ineffables de dévouement, de sacrifices, de patrie n'ont pas moins disparu à l'éclat peu ménagé de la réflexion que les mystères du sacerdoce et les prestiges honorifiques de la monarchie. Les scholastiques nous avaient gâté le bon sens, les philosophes l'ont redressé ; mais ils nous ont gâté le cœur. Leurs subtilités, plus froides que la mort, en glaçant les fictions du sentiment, n'ont rien laissé à l'homme que l'intérêt, et en lui faisant aimer l'univers, ils l'ont dégoûté de sa patrie ; égoïste par sa raison, cosmopolite par caractère, que reste-t-il à cette multitude philosophe de son pays ? — Ce qu'il en reste au philosophe qui, dans son profond mépris pour la vie commune et ses devoirs, se reproche tous les sentimens qu'il n'écrit point sur ses tablettes, et regarde comme perdues les idées qu'il ne consacre point à sa réputation. Je puis donc avouer que les sciences exactes ont profité et profitent encore sous l'influence de l'analyse, pourvu que l'on m'avoue que la morale y a perdu, que le poison de ridicule versé sans discrétion sur tous les objets, a défloré notre bonheur et nos attachemens avec notre innocence,

que n'étant donné à l'homme de rien concevoir
d'abstrait que sous des images locales et incom-
plettes, faire naître par quelqu'allusion, ou par
quelqu'autre subtilité ridicule sur le tour d'esprit
qui l'affectionne à ce qui est bien, c'est détruire
le bien, lui ensanglanter le cœur, et rire de la
blessure qu'on lui a faite. Que faut-il donc
penser de ces raisonneurs qui consacrent en
pompe ces traits sanglans dans le temple de la
vérité elle-même? Leur plume n'est-elle destinée qu'à enregistrer le nombre des gens vertueux dont la vertu fait le malheur et non de
ceux qui trouvent leur bonheur en elle? Est-ce
aux Larochefoucault et aux Helvétius qu'il appartient de nous passionner pour l'humanité;
est-ce aux Machiavel à nous passionner pour la
justice? Devons-nous dresser des statues aux
premiers pour avoir mis en principe universel
notre amour-propre, et pour avoir élevé ce que
le sentiment commun réprouve comme un vice
à la sainteté de la vertu? Devons-nous dresser
des statues aux Médicis pour avoir fait connaître à la France l'évangile de leur politique et lui
en avoir donné de si salutaires leçons?

SUITE DU MÊME SUJET.

EN donnant au chapitre précédent toute la capacité historique qu'il suppose, et envisageant le génie des Français dans toutes les positions sous lesquelles leur histoire les a représentés, nous le voyons dans les guerres nationales, les guerres civiles, les guerres de religion, sous la chevalerie, les croisades, le règne de la dévotion, celui des lettres, de la philosophie ou de la liberté, poursuivant toujours la nouveauté par inconstance, et l'opinion par vanité, déguisant tout au gré de son humeur, le sacré, le profane, le comique, le sérieux en vaudevilles, carricatures, colifichets, jouant perpétuellement sur les formes sans mettre un grand prix au fond des objets et par des qualités guerrières et brillantes, traînant la gloire sous les drapeaux de ses guerriers et sous les enseignes de son industrie dès l'origine de son berceau.

Le désir immodéré de plaire par les agrémens extérieurs, de réjouir la vue, de récréer, amuser, dissiper, plutôt que d'attacher; tout ce cortège de graces, de coquetterie, de galanterie transmis sans doute de race en race avec l'antique respect voué aux femmes par nos aïeux, et avec l'usage établi entre les deux sexes de vivre dans un commerce de goûts, de sentimens et de délassemens communs; voilà le moule où la nature a jetté notre nation. Des esprits si curieux d'objets nouveaux, des cœurs si prévenus de leur

propre amabilité, devaient nécessairement rechercher les étrangers, et s'efforcer de justifier
leur reputation ou de l'agrandir par de nouveaux
charmes. Pareils à cette reine d'Egypte, il fallait
toujours se tenir en garde de paraître au-dessous
de son renom.

Cette disposition native, passée dans l'ame
de tous les Français, et descendue par une espèce de pression des conditions qualifiées aux
conditions bourgeoises, devait donc faire du
peuple français le peuple le plus poli et le plus
tolérant; et la philosophie venant ensuite, devait
se propager en lui d'autant plus facilement qu'elle
ne faisait que mettre en systême ce qu'il sentait
avant elle, et que bien loin de lui donner des
règles, je la soupçonne d'avoir pris les siennes
de lui (1).

Que penser d'une nation qui, par son seul
épicuréisme, est capable de s'élever à la tolé-
rance universelle du philosophe? Sans doute,
si la philosophie était le caractère le plus propre au vrai patriotisme, il n'y aurait jamais eu
de patriotisme plus pur et plus ardent que parmi
nous; mais si la philosophie s'éloigne autant du
tour d'esprit qui relève notre patrie au-dessus de

---

(1) Si Larochefoucault, si vain dans ses maximes, et Helvétius,
si galant et si sensuel dans son esprit, nous avaient confié la première idée de leur ouvrage, nous aurions vu, qu'au lieu de peindre
l'homme, ils n'avaient peint que le Français; serait-ce la cause du
grand succès parmi nous de ces deux ouvrages, ou simplement leur
adresse, la brièveté de ces chapitres et quelques anecdotes çà et là?
Il est sûr que les pièces qui nous représentent le mieux, sont celles
qu'on aime le mieux à suivre.

toutes les autres, que la raison intellectuelle et générale s'éloigne des fantômes qui attirent l'imagination, et des caprices qui affectionnent nos sentimens; si la civilité est aussi différente du civisme que la bienséance des vertus privés, l'est de la juste rigueur des vertus publiques; combien n'avons-nous pas à faire pour atteindre le but de nos institutions?

On a beau, sous d'autres rapports, nous vanter l'amour-propre de nos compatriotes; on a beau nous vanter l'orgueil avec lequel ils portent par-tout le nom Français, ce n'est pas tant de leurs vertus qu'il sont glorieux, que de leur politesse, et ils ont plus d'amour pour leurs mœurs indigènes, que pour leurs lois. Mais la présomption des avantages personnels excita-t-elle jamais dans l'ame des hommes quelqu'enthousiasme? forma-t-elle jamais aucun lien entre eux? L'amour-propre des qualités ne se déguise point sous les voiles de la justice; et Régulus n'eût point marché à la mort pour soutenir l'urbanité romaine, s'il en avait été question de son tems. L'amour-propre qui fait voler à la mort, est celui qui confond la personne avec la patrie qui, par la fiction d'un habile législateur, pense ne défendre les lois que pour lui-même, et les défend en effet pour toute la cité. Cet amour-propre ne tient point à ce qu'il y a de superficiel dans l'ame, mais à ce qu'il y a de plus ferme et de plus sérieux; il ne se fonde point sur les manières, le talent de plaire sur les agrémens qui embellissent la société,

c'est du lien patriotique et moral qui unit tous les
citoyens sans distinction, que l'orgueil de la
vertu publique tire sa force ; et tandis que les
envoyés des graces et de l'amabilité vont soutenir dans l'univers la réputation de nos salons
et de notre frivolité, le citoyen, plus orgueil-
leux, ira y soutenir la réputation de tout un
peuple.

Il n'apprendra point à ses voisins l'art de se
prévenir mutuellement, par des formes insi-
nuantes, de se lier avec réserve, de se mêler
dans les divertissemens, dans les jeux, dans la
conversation, de se plaire entre inconnus sans
s'engager ; cet art est un talent précieux, je l'a-
voue ; mais ce qui vaut encore mieux, s'il ne
leur facilite point le commerce, il leur apprendra à le rendre solide ; à le rendre plus sûr, s'il
est moins gracieux ; à le fixer par la constance,
à en doubler le charme par l'intérêt profond du
cœur : il le rendra d'autant plus durable et plus
délicieux que la douceur de vivre avec des amis,
l'emporte sur celle de vivre avec de simples connaissances ; que la bonne foi sans réserve, la
justice sans exception l'emportent sur la complaisance, les bonnes paroles, les égards ; que
le plaisir de parler à des visages connus, est
plus doux que celui de parler à des masques ;
que le suprême bonheur de l'homme n'est pas
tant de se répandre parmi ses semblables, que
de faire celui de ceux avec qui nous devons nous
lier ; et que le bonheur du citoyen consiste à aimer,
par-dessus toutes les autres, les qualités dont il a
besoin

besoin pour administrer la république ; d'aimer, par-dessus tout, les principes conservateurs des lois ; de s'identifier à ses concitoyens par l'amour des grandes vertus , bien loin d'être content de leur ressembler par des mœurs communes ; de se faire un cortège des graces , sans y asservir son cœur ; de les cultiver comme un art d'agrément , mais de remplir son ame d'une substance moins légère que de ses frivoles caprices ; de jouir d'une action utile , faite par un compatriote comme si lui - même en était l'auteur ; de se complaire dans sa vertu , de se complaire dans ses lois , et de ne savoir plus démêler en soi les lois ni la vertu dans les sentimens qui l'animent.

Il ne suffit point de sentir que ce portrait du citoyen, quelqu'estimable qu'il soit, n'est point le nôtre ; dans l'état où nous a amenés la révolution , il faut de quelque façon y suppléer. Nous avons de nouvelles lois , des fêtes nationales , des institutions républicaines , nous ne pouvons nous en dédire ; les noms même de nos nouveaux établissemens sont des noms grecs. Mais c'est n'avoir ni institutions ni lois que de n'avoir point l'esprit qu'elles supposent. Quoi de plus vain que ces chansons , ces titres , ces monumens, ces fêtes, ces cérémonies ? quoi de plus ridicule , de plus inepte , si vous en ôtez l'opinion ? Si vous n'y regardez que l'art et l'argent dépensé , brisez - moi toutes ces idoles à qui votre art n'a pu donner la vie ; renversez ces masses de pierres , ces muettes décorations ; effacez ces noms insignifians qui n'ont point de

C

rapport à notre imagination préoccupée. Vous
avez un moment fait illusion, mais cette illusion
des yeux n'ayant point pénétré le cœur, a passé
comme un météore. Les Français, désenchantés
des sentimens patriotiques, comme d'un rêve,
ne sentent rien pour des lois contradictoires à
leurs goûts, sans s'embarrasser qui les gouverne.
Insoucians sur toutes choses, hors des impôts,
laissez - leur promener leurs affections, leur
amour-propre dans les liaisons particulières, ils
laisseront, sans résistance, et leur souveraineté
et leur droit de voter à qui voudra s'en em-
parer. Ils s'entendront appeler républicains, et
riront tout bas d'un titre si étrange ; ils riront
des peines qu'on se donne pour leur prouver
qu'ils sont réellement tels, et peut-être, dans
leur épicuréisme raffiné, plaindront-ils, de bonne
foi, les hommes qui épuisent leur orgueil dans
ces misères.

Plus on observe le génie français, plus on a
lieu de s'étonner qu'une nation si propre aux
vertus héroïques ait, dans son ame, si peu de
liberté. Est-ce pour être corrompue, ou pour
être asservie à ses vices ? Mais ses vices ne l'em-
pêchent point de supporter les rigueurs de la
guerre, de triompher des élémens, de ses besoins et de ses ennemis. Si c'est la liberté qui
enfante ces mouvemens, par quelle singularité
faut-il qu'elle sorte de ses foyers pour s'enflammer au nom sacré de la patrie ?

La diminution des fortunes et la gêne des
individus sont-elles les seules causes de cette

profonde abnégation ? Et ne sait-on pas combien la nouvelle patrie, en soulageant la classe
indigente et laborieuse par la répartition des
grandes propriétés, serait propre à consoler
toutes les classes de leurs divers sacrifices, si elles
sentaient l'influence qu'elles exercent sur les bases
de leur industrie et de leur propre amélioration.
Pourquoi cette rivalité des modes avec le patriotisme ? pourquoi ce costume anglais, cet éloignement pour la qualité de citoyen, cette indifférence
de ses propres droits ? Y a-t-il moins d'utilité à
soutenir ses droits à l'intérieur, qu'à les défendre
sur la frontière ? Y a-t-il moins de gloire et de
dignité ? non sans doute. Mais la gloire en est
moins brillante, et cela décide entre l'amour-
propre qui détermine l'homme libre, et celui
qui détermine le Français. L'un ne veut que
posséder la chose, et tient peu compte des
moyens ; l'autre s'admire dans les moyens, et y
est retenu par l'honneur éclatant qui suit les
ames généreuses. La liberté est une vertu, et
toute vertu, pouvant se passer de l'opinion, est
obscure par sa nature. Au contraire, la valeur,
le courage, la générosité sont des qualités qui se
produisent au-dehors, et qui jettent, autour
d'elles, un éclat immense. En un mot, tous les
efforts du Français ne tendent qu'à paraître ; il
est heureux, si on l'en croit ; il serait libre de
même, s'il ne tenait, pour l'être, qu'à se l'entendre dire. Le citoyen a plus de gravité ; il ne s'assujétit point à l'opinion, il la subjugue ; il attend
moins du témoignage d'autrui, que de sa cons-

cience ; et s'il ambitionne quelque suffrage , c'est celui de ses concitoyens.

Les Français auraient donc toutes les qualités propres à conquérir la liberté , et n'auraient point les qualités qui la conservent. Tout autour d'eux seroit changé , eux seuls, toujours inappliqués et inconstans , n'auraient changé en rien. Ils seraient moins gênés d'obéir aux lois , que de les faire , et ils aimeraient moins les formes constitutionnelles que la constitution. J'éprouve de la peine à poursuivre cette analyse ; mais quand je donnerais à ma nation autant d'orgueil et de gravité qu'on lui donne généralement de légéreté et d'inconstance , je ne m'en croirais pas moi-même, et personne ne m'en croirait. S'il faut cajoler notre nation sur ses propres défauts , réservons ce rôle pour ceux qui profitent de ces cajoleries.

Au contraire , lorsqu'on veut être de bonne foi , il faut convenir que , depuis nos guerres de religion , nos guerres civiles pendant la révolution , et encore aujourd'hui , rien ne sert mieux les intrigans , que l'inconstance des Français et la fureur de paraître , avec un avantage nouveau , parmi les peuples. Ce n'est pas que j'ignore ce que le noir génie des Médicis et de l'Autriche ont à revendiquer sur les troubles de nos derniers règnes ; combien la rivalité cruelle des Anglais nous a été funeste ; mais la majeure partie de ces maux appartient à l'ignorance du peuple , à sa dissipation , à son éloignement de toute application aux affaires : si son amour-propre eût été plus éclairé , se serait-il sans cesse dirigé vers les choses frivoles, laissant le bien solide en proie à l'empiètement du ministère public ? se serait-il laissé occuper de frivolités, pour être maintenu dans une perpétuelle enfance, et aurait-il souffert que de complaisans gazetiers vinssent lui présenter le luxe, les chars dorés, l'étalage infame et crapuleux de l'opulence comme les signes du véritable esprit public ?

J'ai tâché de ne rien déguiser dans l'ébauche que je viens de faire, et on y trouvera de la vérité. Ceux qui voudraient qu'il y en eût moins, ne sont pas dignes de réformer les hommes ; car si nos mœurs sont contraires à nos lois, il faut changer ou nos mœurs ou nos lois ; il n'y a point de partage. Je vais donc m'exprimer avec la même liberté sur ce qui a été fait, et je dirai ce que je croirais propre à lui assurer plus de consistance et d'étendue.

Les lois sont l'œuvre de la raison ; les mœurs sont celle des passions humaines. Proposer de mettre la loi au-dessus de l'homme, c'est proposer de faire régner la raison sur les passions : or, ce que le sage lui-même n'obtient que par le tems et par le fruit d'une rigide éducation, une grande nation ne saurait l'obtenir à l'instant sans éducation ni institutions quelconques. Cette situation des mœurs françaises contre l'esprit républicain, est ce qui a dû le plus vivement frapper le Directoire à l'entrée de ses fonctions ; cependant les partis de démagogues et de royalistes pouvaient embarrasser

C 3

sa marche ; mais ils ne pouvaient l'empêcher.
Les armées avaient reçu la constitution , et pour
des hommes qui ne savent qu'obéir , tout parti
s'écartant de la loi , devenait ennemi : c'était
annoncer sa destruction d'avance ; aussi le directoire , installé au milieu des foudres de vendémiaire , a-t-il profité de la victoire , sans ré-
compenser le parti vainqueur ; et c'est que dans
les guerres civiles toute récompense est barbarie.

Il a toujours suivi depuis le même système
de prudence ; soit qu'il ait mis en jugement des
séditieux , soit qu'il ait poursuivi le procès des
complices de la Villarnois , il est certain qu'il
s'est constamment efforcé de s'ouvrir un sentier
entre deux factions également liberticides ; mais
le 18 fructidor , la balance ayant penché pour
le royalisme , il a fallu y porter la main pour
la redresser ; et par la crainte d'une réaction ,
on a jugé qu'il fallait l'y porter encore le 22
floréal. Il lui a suffi , pour tout cela , de se reposer sur la troupe , et de haranguer la classe
paisible , en lui montrant la paix : le résultat de
cette conduite ne pouvait être équivoque ; les
vrais royalistes étant des jeunes gens pleins de
chaleur , et les vrais démocrates des ouvriers ,
des malheureux avides de changement, les gens
paisibles ne pouvaient être que des pères de famille ; des négocians , des cultivateurs vieillis
dans une aisance monarchique , et cette classe ,
par elle-même ou par ses dépendances , formant
les deux tiers de la nation , s'était déja trouvée

ennemie de la révolution dès le commencement,
sinon par principes d'opinion ou d'intérêt, du
moins par amour du repos. Que fallait-il à cette
classe après la révolution? Fallait-il lui assurer
la liberté politique? c'était pour elle perpétuer
la révolution ; et des hommes de ce caractère,
aimant mieux être gouvernés que gouverner,
les droits de voter, de participer aux fêtes nationales, de garder ses propres foyers, sont plutôt des charges que des bénéfices : il fallait donc
changer la nation ; or , une génération entière ne pouvant être changée en un instant, il
fallait, ou la détruire comme faisait Robespierre,
ou composer avec elle comme le gouvernement
constitutionnel l'avait jugé : mais si un gouvernement peut quelquefois détruire son ennemi, il ne
lui est jamais permis de détruire son propre peuple ; et telle devait être l'issue d'une entreprise
tentée contre la nature des choses, que le fer des
bourreaux devait ou rebrousser, ou s'émousser,
avant que Robespierre eût amené le gros de la
nation à des sentimens directement opposés.

Croit-on qu'une effervescence de 5 ans eût
changé le tempérament du peuple, et que l'enthousiasme de quelques idées nouvelles, toujours
attrayantes pour le Français, eût pour cela changé
la constitution des esprits formés par une éducation de plus de trente ans? Il faudrait bien peu
connaître le cœur humain et le génie français ;
il faudrait bien peu connaître la multitude pour
penser que la misère et les malheurs dont elle ne
voit aucune récompense présente, ne l'eussent

point dégoûtée du régime qui les avait produits ;
il faudrait sur tout méconnaître cette loi de la société, qui fait que la jeunesse suit toujours en
masse les impressions de l'âge mûr, et que ne
pouvant loger qu'une seule passion à-la-fois,
elle n'est animée sur tout le reste que d'une chaleur empruntée.

Le directoire se serait donc brisé, ainsi que
Robespierre, contre les mœurs publiques, s'il
eût entrepris de les heurter obstinément. Comment pousser la guerre avec succès ; comment
faire les services intérieurs, s'il n'eût apprivoisé
par la douceur la classe nourricière déja effa-
rouchée par la violence ? aurait-il essayé d'ar-
mer encore citoyens contre citoyens, et de faire
garder une partie de la nation par l'autre ? Le
commerce tombait ; l'activité, tournée vers un
autre objet, était perdue pour l'industrie ; les réquisitions, sans cesse répétées sur un fond épuisé,
ne pouvaient suffire au besoin des armées, et la
paix extérieure s'éloignait. Aurait-il mis en usage
la force armée, menacé les citoyens par des gar-
nisons, et mis l'empire en état de siége ? alors
l'esprit républicain, qui ne peut être séparé de
la justice et de l'humanité, se serait éteint dans
le soldat ; il aurait refusé d'obéir, ou il n'aurait
été excité que par la barbarie ou le pillage ; l'armée se serait affaiblie par les nombreux détache-
mens qu'il aurait fallu lui enlever ; elle se serait
affaiblie par ces mêmes divisions de parti que
nous y avions vues du tems de Robespierre. La
surveillance aurait été tyrannique, et les surveil-

dans eux-mêmes, étant moins républicains de mœurs que d'opinion, se seraient enrichis.

Au lieu de tout cela, qu'avait à faire le directoire ? Il avait à rappeler à la vie le numéraire, encourager les industries, assoupir les vengeances, et repousser le colosse imminent de la coalition ; tout cela ne pouvait être fait sans le concours du peuple : les assignats étaient tombés, le crédit moissonné sous la faulx mal dirigée du maximum, les villes étaient animées contre les campagnes, les campagnes se mutinaient ; quelle position pour rendre républicains des hommes qui ne se souciaient plus d'être Français, qui haïssaient moins leurs ennemis que leurs propres concitoyens !

Ce soulevement universel d'indignation avait été saisi par les royalistes, et ils le fortifiaient habilement par le mélange du caractère national ; mais c'était moins à l'abus de la liberté qu'ils en voulaient qu'à la liberté elle-même ; et ce n'était pas pour eux un petit triomphe de contempler un de nos bourgeois livré à ses prétentions ridicules, plus fier de son élégance et de sa parure que de toutes les victoires dont il entendait le récit, riant niaisement de ses nouveaux droits, et ne voyant rien au-dessus des modes parisiennes.

Quel plaisir pour un ennemi de la liberté d'enraciner dans ces têtes le préjugé qui borne toute vertu à la probité simple et négative, de souiller impunément à leurs yeux l'héroïsme, d'insulter aux vertus publiques et de fouler aux pieds cet attribut républicain d'indépendance, qui fait que l'homme, ainsi que la divinité, n'obéit qu'aux lois qu'il s'est imposées.

Sans doute, avec de pareils yeux n'est-il pas aisé de faire admirer à nos concitoyens les Romains et les Grecs autrement que sur parole, et de leur faire voir autre chose que des phrases où nos régens de collége se sont efforcés de leur montrer des sentimens. Les circonstances même ont voulu que ce tour de jugement prît en nous un nouveau degré d'énergie par le ridicule; chose étrange que la révolution, destinée à nous rapprocher des peuples libres, ait été précisément ce qui nous en a le plus éloignés, et rien ne prouve mieux que toutes les institutions se brisent contre le caractère national et le renforcent lorsqu'on les lui oppose avant de l'avoir changé. Quel est le Français qui, après avoir été indifférent d'abord sur les vertus de Brutus, d'Aristide, de Caton, ne soit maintenant tenté d'en rire depuis que son imagination peut les associer aux mœurs bourgeoises de nos officiers municipaux, depuis que les étrangers, renchérissant sur cette imitation bisarre, sont venus se faire appeler des Anacharsis, des citoyens du globe, etc., depuis sur-tout que les Italiens, qui sont à l'égard de la France ce que les Grecs du Bas-Empire sont pour les Romains, s'appliquaient à faire passer ces traits dans leur pantomime ultramontaine? Mais quel est celui plutôt qui ne se trouve offensé d'entendre prononcer ces noms, depuis qu'ils ont été portés par des assas-

sins et des espions perfides ? Comme si le Français n'eût pu voir autre chose dans le sacrifice
héroïque des sentimens naturels, que des assassi-
nats ; dans l'action patriotique du dénonciateur,
que l'espionage ; ou que quelqu'ennemi invisible
de ces vertus, profitant de la fausse opinion qu'on
en avait, eût voulu, pour les immoler au mépris,
les faire souiller, à peu près comme Tibère faisait violer les vierges par le boureau avant de les
faire traîner au supplice.

Il fallait donc ce dernier succès à l'égoïsme
conjuré contre la république, et n'étant pas
assez loin de la liberté par la répugnance de nos
caractères, il fallait nous en éloigner encore par
la répugnance propre à tout être sensible, qui
fait partie de l'humanité ! C'est au patriotisme à
effacer l'ignominie du sang que ses égaremens ont
fait répandre : entraîné quelque tems par l'hy-
pocrisie de la vertu, et enivré comme un enfant
d'une chimérique perfection, combien de fois ses
larmes n'ont-elles pas coulé sur les saintes images
qu'on avait profanées en trompant son inexpé-
rience ? C'est à la philosophie à rectifier nos
idées, en nous rappelant au berceau de la révolution. La philosophie ramène les hommes au
pacte primitif de toute société humaine, elle fait
naître entre eux la justice en leur créant un lien
nouveau dont la nature n'a point le secret. C'est
elle qui doit établir les motifs légitimes de l'ordre social ; mais c'est là tout son ministère ; et je
dirais volontiers qu'elle ne devrait point sortir
de la tête des magistrats. Les lumières convena-

bles au peuple supposent établies les notions
primitives qu'il serait inutile et souvent dange-
reux de discuter. La symétrique philosophie descendue de si haut, agit trop subtilement sur les
masses de nos réunions politiques. Elle les dé-
compose, elle les démoralise (1), et elle n'est
capable de leur donner aucune impulsion, il
n'y a que les idées sensibles qui soient apper-
çues de tout le monde, et ces idées sont des sentimens.

Ne négligeons point nos modèles dans la partie morale de la législation. Les anciens avaient
pour législateurs des philosophes ; et le peuple,
rien moins que philosophe, était parfaitement
instruit sur les points secondaires qu'il lui im-
portait de savoir. Inspirés par l'éducation, in-
vestis à leurs yeux des prestiges d'une religion
nationale, ils les trouvaient sans cesse autour
d'eux comme sensations, et en eux comme sentimens. Nous n'avons point, il est vrai, de religion nationale, et celle qui existe milite contre
nos institutions. Si l'on considère néanmoins
d'un œil sérieux les congrégations théophilan-
tropiques ; si, les retirant de leur isolement, le
gouvernement en fait un centre de régénération jusqu'à ce qu'il leur soit reconnu une existence constitutionnelle, qu'il leur soit donné des
ministres avoués, estimés et honorés dans cha-

---

(1) L'on voit la preuve politique de ceci dans la démocratie
de Robespierre, et la preuve morale dans la licence journalière
des opinions sur les premiers liens de nos attachemens moraux.

que lieu ; que, pour couvrir la mesquinerie et
la nudité de leurs fonctions, ces ministres aient
des relations avec les trois arts d'agrément les
plus propres à remuer l'ame et à la faire réfléchir, la peinture, la musique, la poésie ; que,
plus sobres de discours toujours mal écoutés et
d'une monotonie ennuyeuse, leur ministère soit
borné pendant quelque tems à l'ordonnance des
réunions ; qu'on y fasse transporter des peintures
allégoriques, prises parmi nos chefs-d'œuvres ou
ceux de l'Italie ; que les poëtes soient excités à
composer sur des sujets historiques et moraux ;
qu'ils soient invités à venir réciter leurs com-
positions ; que les virtuoses dirigent leurs talens vers le même objet, qu'ils exécutent des
concerts ; que des chanteurs et des cantatrices
soient réunis pour chanter des morceaux ly-
riques, et qu'enfin le public, divisé en deux
chœurs d'hommes, de femmes, de filles et de
garçons, soit admis chaque décadi, sous un ex-
térieur décent et dans un ordre régulier, à venir
se mêler à cette bruyante et solemnelle harmonie ; l'on ne saurait douter que la légéreté du
caractère, attirée par des airs chantans, arrêtée
par de belles peintures, fixée par d'agréables
chansons, par le ton sublime et sentimental d'une
poésie tantôt affectueuse, tantôt héroïque, ne se
sente enfin modifiée par de fréquentes réminis-
cences et ne compose sa sensibilité naturelle et ses
habitudes sur des mœurs successivement plus
graves et plus patriotiques.

. Quelle dépense maintenant exigerait la déter-

mination d'un concours si salutaire? Aucune.
Une invitation aux artistes déjà salariés, une
invitation aux simples amateurs, et le ministre
de l'intérieur, généralement estimé des artistes,
se ferait bien vite obéir, s'il démontrait, à cet
égard, la plus légère intentions.

Que de choses n'y aurait-il pas à faire sans
qu'il en coutât un sou? Chaque arrondissement,
par exemple, choisirait un certain nombre de
citoyennes spirituelles, aimables et distinguées
par leur vertu ; la municipalité les conduirait
au temple phylantropique, non comme les
Grecques ou Romaines qu'on voyoit figurer dans
les chœurs des payens, mais telles qu'on nous
peint ces dames de notre antique chevalerie,
exerçant un empire absolu sur leurs chevaliers,
et d'un signal, les envoyant à la gloire ou à
la mort. Ces citoyennes couronneraient les
traits de civisme, de générosité, de bravoure :
elles seraient chargées de réciter ou de chanter un compliment en faveur des citoyens cou-
ronnés ; il serait même intéressant que les vain-
queurs des jeux gymniques reçussent les prix
de leurs mains. Lier les femmes aux institutions,
c'est le meilleur moyen d'y lier les hommes et
un des plus grands obstacles à l'accomplisse-
ment de notre révolution morale, est l'aristocratie qu'elles réchauffent sous le piquant de
leurs attraits. Que de modes je verrais naître
d'un emblème porté avec grace dans ces
jours de parure destinés à briller! et si l'usage
voulait qu'on pût passer ensemble la journée,

s'asseoir à des tables communes pour prendre ensemble son repas , nous placerions nos héros , chacun auprès de la déesse qui lui aurait décerné la couronne ; et cette perspective ne serait pas , sur les convives , sans effet. Réunissez les hommes , réunissez-les souvent , et vous mettrez , entre eux , une communauté de sentimens et d'offices. C'est d'après cet esprit que les payens avoient leurs banquets civiques , et c'était par leurs agapes que les chrétiens étaient parvenus à ne faire qu'une seule ame et un seul cœur. Pourquoi donc le département de la Seine invite-t-il les poëtes dramatiques à donner au théâtre des pièces patriotiques ? Ces choses, ainsi que beaucoup d'autres , ne sont pas bonnes à dire , il faut les inspirer ; elles sont même funestes , car elles détruisent le crédit en montrant notre indigence ; et un auteur n'ira point donner une pièce, pour que la salle soit vide de spectateurs ; les goûts du public doivent être formés hors du théâtre , afin qu'il y porte le sentiment propre à goûter ce qui est bon. Il y a pour cet objet des moyens infinis qu'une administration soigneuse et intelligente peut varier avec finesse. Que faut-il ? l'exemple. Notre nation est généralement imitatrice , elle ne demande , ainsi qu'à l'armée , qu'à suivre ses chefs.

Etendons aux campagnes l'usage de ces réunions solemnelles. La plus légère observation suffit pour nous montrer que, si l'esprit qui les anime est différent de celui de nos villes , elles n'en sont pas mieux instruites sur les devoirs que leur inspire la République , sur les droits qu'elle leur a acquis , ni mieux affectionnées aux principes de leur nouvelle régénération. Mais la simplicité de leurs habitans nous dispense facilement d'y attirer des artistes. Seulement quelques instructions entremêlées de chants , des banquets fraternels où chacun , après la cérémonie , serait invité d'apporter son mince repas. La participation de fonctionnaires bons , populaires , familiers , et aimant les lois ; en voilà plus qu'il n'en faut pour moraliser le villageois , l'éclairer et l'attacher de bon cœur à la patrie. Si le ministre théophilantrope est pris sur-tout parmi les cultivateurs les plus vertueux du canton , et assez aisé pour éloigner de lui toute idée de rétribution particulière ou publique , vous verrez fleurir la vertu patriotique dans les campagnes , avec l'arbre de la liberté qui leur sert d'abri. Donnez ensuite de la solemnité aux mariages ; c'est la garantie la plus sûre des bonnes mœurs , c'est le texte le plus touchant, le plus fécond , et le plus propre à donner de l'onction à toute espèce de cérémonie.

Enfin nous avons vu la prudente circonspection avec laquelle le directoire a cru devoir user dès l'origine de la liberté politique ; mais aujourd'hui que le besoin général des lois et de la paix lui rallient la grande masse des citoyens ; que le succès de nos armes lui assure une grande prépondérence dans nos relations extérieures , pourrait-il différer de retirer de l'oubli , et d'arracher au mépris des gens parvenus ce

zèle

zèle chaleureux des fondateurs de la République, si propres à tout vivifier, et en le faisant parler en ces termes à ses concitoyens ? Serait-ce le faire déroger à l'esprit de ses précédentes proclamations ?

Tant que la république a eu à craindre de la fermentation destructive des passions, le directoire s'est fait un devoir de les comprimer, de les repousser dans leurs profondeurs souterraines, et il a sévi contre elles, lorsqu'elles ont tenté de s'en échapper. Mais lorsque la corruption monarchique menace de tout submerger avec les lois, lorsque des représentans sont forcés de déclarer, avant d'émettre leur opinion sur un impôt, qu'ils ne sont intéressés dans aucune entreprise, il n'y a que les passions généreuses du bien qui puissent disputer le sol de la République aux vices effrénés. Plutôt, ces passions ardentes sans gouvernail risquaient de déchirer les nobles cœurs qui leur donnaient naissance ; mais aujourd'hui, sous les yeux de vos magistrats, elles purifieront le limon qui vous infecte, en donnant de l'énergie à la vertu ; si jamais le bonheur public pouvait être bien administré sans passion, le directoire pourrait continuer l'éducation négative de la nation jusqu'à la paix générale. Mais comme les passions sont la substance même d'un corps moral, et qu'elles se détournent infailliblement de l'intérêt public, dès l'instant qu'elles cessent d'être constitutionnellement occupées, le directoire, investi de toute sa puissance, fort de l'éclat que sa gloire exté-

D

rieure imprime sur l'opinion, sans crainte des malveillans, sans crainte des partis, déclare au peuple français, qu'il est tems de mettre en honneur, parmi les citoyens, tous les germes de patriotisme éclairé, d'orgueil républicain, et de courage que la malveillance a tant raison de redouter; de rassembler de toutes parts cet esprit flottant et dispersé; de le distinguer dans des citoyens amis de la médiocrité, distingués par leur courage, patriotes dès l'origine, sans déviation; d'élever ces hommes aux fonctions publiques, afin que par eux le génie de nos institutions républicaines s'infuse peu à peu dans la nation; qu'elle la dégage de tout levain monarchique, et prépare la génération future à recevoir une éducation digne de la sagesse à laquelle elle est appelée par ses destins.

Je n'ajouterai qu'un mot. Les anciens Perses avaient divisé les degrés de leur éducation en dix classes, dans l'ordre relatif à l'administration; cette éducation, comme en général celle des Orientaux, était fort prolongée, et tous leurs candidats étaient pris dans quelqu'une de ces classes, selon l'importance des fonctions. Il ne s'agit point de savoir si, actuellement parmi nous, une simple surveillance suffit pour éclairer toutes les erreurs qui peuvent se glisser dans les pensions particulières auxquelles notre jeunesse est confiée; si l'éducation de la postérité qui nous remplace dans l'administration et dans la rédaction des lois, peut être abandonnée à la concurrence de l'intérêt personnel, comme une marchandise dont on fait le prix ; mais ce serait un sujet d'une sérieuse méditation que de savoir jusqu'à quel point l'usage patriotique des Perses pourrait être utilisé dans notre constitution.

CHAPITRE III.

L'aristocratie des grands privilégiés presse en tout sens la république. — Ses relations avec les émigrés. — Le sentiment de la liberté décomposé s'affaiblit, se dissipe à travers les routes croisées de l'intrigue. — Il ne retient rien du génie de sa première institution. — Contre les apologistes de nos barons.

L'OPINION a produit le gouvernement républicain, l'opinion le soutient et l'opinion peut le détruire. Qu'est-ce qui fait la différence des états despotiques et des états libres ? l'opinion ; et les états despotiques eux-mêmes ne se soutiennent que par la religion, qui est une opinion prise hors de leur système. Notre opinion, au contraire, doit être prise dans l'esprit de notre constitution, il faut qu'elle se fixe d'un côté sur la nature particulière du pays et de ses habitans, sur l'industrie, la prospérité du commerce, les arts, les fabriques, les lettres, le luxe et toutes les qualités brillantes ; de l'autre, sur les principes généraux des droits de l'homme, sur la raison philosophique de toute société humaine, sur la liberté des élections, la censure

publique, la moralité, le courage, l'austérité et
toutes les qualités solides ; d'un côté sur la richesse, de l'autre sur cette liberté morale, sur
cette conscience sans reproche qui se suffit,
sur cette intégrité cinique qui trouve dans son
orgueil plus de jouissances que dans tout l'or
des courtisans. C'est d'abord les besoins et l'intérêt des citoyens qu'il faut relever de la tutèle
du riche ; c'est ensuite la dignité de l'homme et
ses nobles passions qu'il faut affranchir de tout
autre culte que celui des talens et des vertus ;
c'est l'amour-propre de la personne qu'il faut
ennoblir et honorer par l'estime ; c'est l'amour-
propre artificiel des choses qu'il faut comprimer
et flétrir ; celui de la richesse en elle-même sans
autres qualités, celui des priviléges de la naissance, etc.; amour-propre qui subsistera toujours
tant qu'il y aura des riches ignorans, des hommes favorisés et des nobles.

Il n'y a plus de nobles en France, c'est bientôt dit ; il ni a plus ni rentes ni censives ; la
considération de leur nom s'est même affaiblie
dans le peuple, quoiqu'elle se relève par la misère des tems ; mais l'opinion de la noblesse en
est-elle moins dans le cœur des nobles, dans
cet amour-propre de l'homme qui s'attache à
tout ce qui tend à le particulariser, qui s'aigrit
par le mépris et se fortifie par l'infortune, qui
s'exalte devant la multitude et se console par les
vengeances ? Quand on voit Coriolan fléchi par
sa mère, pardonner à Rome l'injure qu'il en a
reçue, croit-on à la sincérité de son pardon ?

Les Romains n'y crurent point, ces grands observateurs du cœur humain et nos maîtres en esprit public. Ils ne crurent pas à la sincérité de Collatin, ce farouche collègue de Brutus ; pour avoir voulu sauver ses neveux, il se rendit suspect. Le peuple, jaloux de sa liberté, le bannit de Rome ; il n'osa se fier à la haine que ce Romain faisait paraître contre Tarquin, il craignit justement, dit Tite-Live, qu'étant parent du prince, il n'en eût l'esprit de domination, et qu'il ne fût plus ennemi du roi que de la royauté. Les mœurs républicaines craignent l'approche des courtisans ; la liberté est ombrageuse, et tant pis quand elle ne le sera plus. Elle craint les grandes réputations, et plus elle se relâche de sa sévérité en faveur de l'humanité, du caractère, de l'intention, du malheur et autres considérations de cette espèce, plus elle perd de sa substance et de sa chaleur ; sa nature est d'être exclusive ; elle doit former un parti, elle s'énerve en s'étendant. Lorsque le patriotisme monte du cœur à la tête, c'est-à-dire, quand on le raisonne, et qu'il n'est plus un sentiment, quand l'amour ne se mêle plus à la haine, le citoyen tombe dans l'apathie ; il ne tire plus sa force de son propre sol, il reste sans passion.

Voilà le mal où conduira l'esprit de corps, toujours plus actif que celui du peuple ; pour avoir détruit le corps, pense-t-on que l'esprit ne subsiste plus ? Voyez les Suisses après l'abolition du patriciat. La noblesse se réfugie dans les familles, ils donnent des enfans à Malte, et de là l'oligar-

chie qui a opposé une si forte résistance au retour de la liberté. (1) Quoi! parce que la noblesse
chez nous serait abolie, l'esprit des nobles se
serait perdu! Quelle dérision! Y a-t-il un seul
réjeton de ce sang ingénu qui consentît à en
voir tarir la source? qui n'eût sa parenté, son
affiliation dans les provinces, les pays voisins et
dans le monde entier? qui ne se fît des complices dans tout l'univers et ne nous en donnât
de race en race? Rome n'est plus dans Rome, elle
est toute où je suis; ce mot que Rouchon pro-
nonçait à l'occasion des déportés de Clichi, tout
noble l'a déja prononcé au sujet des émigrés de
sa caste. O vous, Lafayette, Lameth, Narbonne,
d'Aiguillon, Liancourt, etc., qui tous avez donné
quelques démonstrations de popularité, rappro-
chez-vous; puisque vous n'avez point porté les
armes, rentrez sans crainte; vous n'avez qu'in-
trigué, et nous savons pardonner les intrigues!
Vous n'êtes point émigrés, puisque c'est par ter-
reur que vous avez déserté le sol de la patrie;
vous l'abandonnâtes, il est vrai, avant la convention, mais alors c'était par peur de la république, et votre exemple a été confirmé par
trop d'imitateurs.

C'est à nous à vous rendre justice, en vous

_____

(1) On connaît l'aristocratie nobiliaire de certains cantons ca-
tholiques, particulièrement de Lucerne, Fribourg, Soleure; toutes
les fonctions publiques s'y perpétuaient dans les mêmes familles;
la plupart y prenait le titre de nobles, et donnaient des preuves
généalogiques. Etait-ce la peine d'avoir secoué le joug des Autri-
chiens?

rappelant, dans les rangs de nos administrateurs et de nos frères d'armes. Que tout ce qui est l'ouvrage de l'affreuse convention soit aboli ; les clichiens avaient raison ; il faut rapporter les lois révolutionnaires, il faut rappeler ceux qui ont abandonné la France avant et pendant leur vigueur ; que tout ce qui nous reste de l'affreuse convention soit réprouvé ; elle occupe, dans la révolution, une zône pestiférée ; il n'y a de républicanisme et de salut qu'en-deçà d'elle et au-delà, dans l'assemblée constituante de 91, ou dans les nouveaux-nés depuis la convention ; ce n'est plus dans son sein que la constitution de l'an 3 doit prendre ses racines. Il est vrai qu'elle donna une existence nouvelle à l'état politique de la France ; qu'elle agrandit son territoire, et qu'elle créa les nombreuses armées qui l'ont sauvée ; tout cela n'est rien. Les pères de la France républicaine sont, en général, dans le tiers-état de la monarchie, et en particulier dans ce corps de noblesse qui donna une marque si éclatante de patriotisme en se détachant du roi. Qui pourrait ne pas croire à la sincérité de ce civisme ? N'est-il pas puisé dans cette aimable rouerie qui s'allie si bien au libertinage, et par conséquent à la liberté ? N'est-il pas dans cette haine d'un ministre, dans cette ambition de le devenir à son tour ? dans ces ressentimens privés contre le roi, contre la reine, contre la cour, qui prouvent du moins que l'on n'aimait point la famille royale si l'on aimait la royauté ; qui prouvent qu'on n'aimait point la cour si l'on aimait l'aristocratie. On répondra que les anciens vassaux de la couronne, qui n'aimaient point la monarchie, n'en aimaient pas moins la domination, et que les patriciens de Venise, tout aristocrates qu'ils étaient, n'en sont pas moins fâchés de leur monarque nouveau. Mais laissons le passé, la philosophie de nos seigneurs est un gage trop sûr de leur patriotisme.

Il est d'autant plus difficile à un gentilhomme d'oublier sa généalogie, que la souche en est respectable, et qu'il voit son amour-propre sous tous les traits de la vertu; qu'inspiré par sa conscience personnelle, tandis que sa raison placera la vertu dans l'amour du peuple, son ame la placera sans faute dans celui de ses pareils et dans son zèle à les secourir. Ils sont hommes, ils sont malheureux, voilà des titres à l'indulgence; ils sont de la même caste, ils ont la même éducation, et, à peu de chose prés, ils ont les mêmes sentimens; voilà des titres à l'intérêt : ils sont nos parens, nos amis; voilà des titres à la bienfaisance. C'est ainsi que, par un seul, la porte s'ouvre à tous les autres, et que l'humanité qui reçoit le principe, se trouve entraînée dans les résultats. Voyez chaque jour combien le patriotisme éprouve de séduction par les anciennes liaisons de profession, de magistrat à magistrat, de prêtre à prêtre, de procureur à procureur, même de valet à valet, et croyez qu'il en éprouve d'aussi fréquentes de noble à noble; mais celles-là ne tendent qu'indirectement au dommage de la république, elles n'y tendent que comme faveurs ou comme erreurs de fait ; celles-ci, au contraire, y tendent directement comme faux principes et comme erreurs de droit. Les nuances des partis s'étendent ou s'affaiblissent selon la position où l'on se place pour les voir. Ainsi, en face d'un Autrichien ou d'un Anglais, il est possible que Lafayette, Dumouriez, Pichegru, Roberspierre, les constitutionnels, et même les émigrés ne soient que des Français ; mais plus on approche, plus ces nuances grandissent, le faisceau se divise et vous ne pouvez rapprocher ces Français sans risquer le salut de l'état.

S'il est difficile d'observer dans la pratique ces transformations indéfinies de l'amour-propre, combien n'est-il pas important au gouvernement de se faire une règle à laquelle il puisse les rapporter ? Cette règle serait de distinguer les hommes par les époques ; ce serait l'instrument le plus propre à les juger.

Il trouverait dans cette précaution une ressource bien plus grande, celle de fixer l'opinion publique incertaine, et de donner la forme du patriotisme en le définissant ; et tandis que l'intérêt particulier subdivise pour atténuer, tandis qu'il rapproche avec effort des hommes différens, des opinions disparates pour former un ensemble qui se neutralise et ne donne aucune idée générale propre à l'embrasser, le gouvernement montrerait les hommes et les choses en masse ; il s'adresserait plus à l'imagination qu'au raisonnement ; il reposerait les yeux sur les époques, sur

les lieux qui ont un rapport plus direct avec l'origine de la république ; sur le 10 août plus que
sur le 14 juillet, sur la convention plus que sur
l'assemblée constituante, etc. ; ne pouvant définir par des détails et des idées, il définirait par
les faits et les événemens. Le ministère de l'opinion publique n'est pas une magistrature de
jurisprudence, mais de police : il ne s'agit pas
de savoir si tel homme, noté dans l'opinion
publique comme équivoque, est coupable ou
non de quelque délit ; il suffit qu'on l'en soupçonne, son crime est d'en avoir été jugé capable
et de rappeler d'odieux souvenirs. C'est à la
source qu'il faut reprendre le patriotisme ; lui
seul fait la justice et doit tout consacrer ; par lui
es manœuvres illégitimes des jacobins, auteurs
de la république, furent légitimes, et la résistance constitutionnelle des autorités fut un forfait.
Signaler comme criminels les premiers républicains ou comme patriotes leurs adversaires, c'est
diviser l'amour de la république ; il n'existe plus
du moment qu'il cesse d'être entier ; il est aussi
intègre, aussi indivisible, aussi inflexible que son
objet ; il y a des sacrifices patriotiques ; il y a des
proscriptions patriotiques et des haines patriotiques.

Enfin, il faut savoir nourrir des préjugés né-
cessaires. Le peuple ne connaît les époques de la
révolution que par leurs auteurs : la constitution
de 91 par le roi, Bailli, Lafayette, les Lameth,
d'Aiguillon, Liancourt, etc. : celle de 93, par
Marat, Robespierre, Couthon, Barrère, Collot-

d'Herbois et autres : le 9 thermidor, par Barras,
Tallien, etc. : le 18 fructidor, par le directoire :
la guerre d'Italie, par Bonaparte. Dans sa pensée
les choses sont liées aux personnes, et il lui est
aussi impossible, par exemple, de séparer Bonaparte de la république que Lafayette de la
royauté. En cela, néanmoins, tâchons que le bien
remonte à sa source, et que le peuple ne se fasse
point d'idoles pour les adorer; mais il faut que
le mal reste aux individus. En fixant les regards
de la multitude indistinctement sur les défenseurs de la constitution française pendant la
royauté et sur les défenseurs de la constitution
française pendant la république, vous ne les fixez
nulle part; c'est vouloir qu'elle raisonne son
opinion; mais le patriotisme même le plus éclairé
se raisonne-t-il? il se sent, il est plus dans les
sentimens que dans les principes, dans l'instinct
que dans la réflexion; plus dans des images que
dans des idées; il fuit les rapprochemens alambi-
qués; il se perd dans cette multitude de nuances
qu'on s'applique à graduer depuis la royauté jusqu'à l'anarchie, dans cette affectation de désigner
comme républicains des hommes que l'on n'a
point vus dans les tems de la république, dans
cette partialité qui sépare leurs noms de ceux
des autres émigrés.

Que ces austères exceptions paraissent dures
à l'aménité française : ce n'est pas de cela qu'il
s'agit; il s'agit plus ici de mœurs que de manières, et l'important n'est point de rendre le
commerce de la société doux et liant, mais de le

rendre sûr et légitime. Donnons une bâse nationale au caractère français qui n'en a aucune, dont la forme est dans une mobilité éternelle par la vanité d'entretenir la réputation de sociabilité qu'il s'est acquise. Le directoire ne peut d'aucune façon se montrer indifférent sur la mâle expression des affections républicaines, 1°. parce qu'elles existent et qu'elles existeraient malgré lui. L'esprit ne raisonne plus par autorités ; il ne se paie plus de fictions poétiques; il analyse, il veut connaître ; tel est le siècle. La liberté, l'égalité, la souveraineté du peuple ont pris dans les têtes la consistance d'une démonstration, et l'exercice des vertus militaires et civiles ont mis dans certaines ames l'empreinte de la fierté et l'horreur de l'humiliation. Les allégations qui ne se tirent point de là, sont des calomnies ; les analogies, les présomptions, sans autre raison, ne touchent plus une conscience ferme qui prend sa règle dans la vérité constante et la vertu. Si l'on pouvait douter de l'existence d'une opinion républicaine en France, la chûte successive des divers chefs de parti en est une bien terrible démonstration. Cette opinion n'est point dans la religion; elle n'est plus essentiellement dans la gratitude et le dévouement des créatures dont la puissance s'environne ; celle-ci a sans doute une grande réalité, mais elle n'est plus seule ; elle a à combattre désormais les principes de la révolution et un cinisme politique qui se complaît dans les sentimens qui sont à lui : en un mot, dans la conscience des droits de l'homme : la paix elle-même ne peut plus avoir lieu sans la liberté, et par les moyens seuls de la force.

L'opinion renferme toutes les semences de prospérité publique et de courage ; elle est souvent le supplément des facultés économiques et de la population ; il ne faut que l'encourager ; l'intérêt personnel suffit pour vivifier l'agriculture, le commerce, sans autre encouragement que de ne pas les contrarier ; mais l'amour de la liberté, s'il ne reçoit point d'aliment se tourne en haine et n'est capable que de mal. Le despotisme enchaînait nos facultés morales par les liens de famille, par les besoins personnels, par le calcul passif du bien-être matériel ; en s'éloignant du despotisme, ces facultés ont réagi sur toutes les affections naturelles qui isolent les hommes et compromettent la liberté ; alors la raison a passé par une progression rapide du despostisme à la pure démocratie, d'un côté, par des hommes égarés, de l'autre, par des hommes corrompus. Telle est l'histoire de l'anarchie ; mais plus vous approchez de cette anarchie, plus vous approchez du peuple et plus la vertu des citoyens monte avec lui : on dirait qu'ils quittent la terre pour s'élever au ciel ; il semble, à voir agir ces forcenés enthousiastes, qu'indignés de l'égoïsme des hommes, ils veulent le détruire avec l'humanité. Ils s'irritent contre la faiblesse ; ils punissent l'immoralité, ils réforment comme des dieux, mais ils sont pires que des hommes ; ils brisent le vase pour recueillir la liqueur et ils la corrompent en s'en abreuvant ; leurs idées s'élèvent, leur tête s'épure , mais leur ame reste dans la fange et leur cœur ne sait point se réformer ; cependant leurs pensées sont belles , leur imagination s'échauffe , ils font des prosélites, bouleversent le monde moral , et dans ce champ de carnage et de mort , dans cette conflagration de tout sentiment humain , de toute fragilité humaine , on voit des actes plus qu'humains et des vertus dignes d'un meilleur siècle ; alors le mouvement se communique , il s'imprime de proche en proche , l'enthousiasme du beau échauffe la masse , les missionnaires prophétisent , leurs paroles sont des semences de vertu , l'on marche vers la perfection dont on porte en soi-même l'image ; alors le peuple français se forme en secte et dévore tout autour de lui ; voilà , voilà le sentiment qu'il faudrait rappeler à la vie , s'il se pouvait, et qu'il faudrait regler avec notre expérience ; c'est là qu'il faut porter les lumières. C'est là qu'est le lien social avec toutes les qualités relatives qui font l'homme de bien , le citoyen généreux , le vrai républicain , le grand homme. Jamais les amitiés ne furent plus vives , jamais les haines plus profondes ; jamais le génie national ne fut plus près de se former : c'est le beau côté de la république française. L'autre côté n'est que luxe , égoïsme , vanité , richesse et tout cela ne prospère que trop par l'intérêt sans le gouvernement ; au contraire , la vérité des mœurs , la sainteté des jugemens demandent la destruction de l'amour-propre parasite ; la bonne foi appelle l'indulgence sur la bonne foi ; elle appelle l'excuse des crimes dont

le motif est *consacré* ; et le patriotisme appelle
l'amour de la convention malgré le gouvernement révolutionnaire, la reprobation de l'assemblée nationale et la mémoire honorée des jacobins.

CHAPITRE IV.

La liberté politique et la sage économie du bonheur
public souffrent également du luxe et de l'aristo-
cratie des gros riches, la plus dure, la plus réelle
et la plus difficile à détourner de toutes les aristo-
craties. — Contre les partisans exclusifs du luxe et
des cofres-forts.

Après avoir remarqué l'antipathie du génie
national avec nos lois républicaines, la résistance qu'opposent les mœurs françaises à l'affer-
missement des institutions, quel mépris ne faut-
il point avoir pour ces lâches ou ineptes écri-
vains qui, sans égard à l'esprit de la constitution,
confondent dans leurs raisonnemens embrouil-
lés ce que la prospérité de l'état doit à l'aiguillon de l'intérêt, et ce que nos institutions doivent
à l'amour-propre qui, dans leur caractère vil,
n'imaginent d'amour-propre que dans le luxe,
et qui, pour le donner à l'industrie, l'enlèvent
tout entier à la législation ; praticiens artificieux
ou routiniers, entêtés de doctrines serviles, s'ils
touchent à la liberté, c'est afin de pousser les

esprits sur le penchant des frivolités que nos
cœurs si vivement affectionnent ; s'ils touchent
à l'économie , on les dirait chargés de poser les
principes de l'agiotage ou de la fiscalité. Leur
méthode de raisonner étant d'offrir l'essence
d'un grand peuple sous des termes contradictoires à la sainteté des mœurs. Vous les voyez
traîner les chaînes qui les lient à la famille des
traitans , et sous ces chaînes d'or , nous donner
des leçons de liberté , de patriotisme , revêtir leur
fantôme de tout ce que la révolution a désho-
noré , revêtir la sagesse patriotique et la vertu
des habits de l'opulence , sous prétexte de l'as-
sortir à une grande nation , et montrer sans pu-
deur le bonheur public assis sur les trésors des
vieux traitans et des banquiers voraces ; détruisant les plus simples notions de la raison dans
toutes les têtes et dans toutes les ames , l'amour
inné de l'honnête et du beau ; aggravant sur la
tête du gouvernement le despotisme de l'argent,
ils semblent, dans leurs homélies, périodiques s'a-
dresser à un peuple de fous ou de fripons, et compter pour rien les hommes vertueux ennemis dé-
clarés de leurs maximes. Que ferait de plus celui
qui aurait à prouver que la liberté est incompa-
tible avec un grand peuple ?

Avant de rechercher les lois qui font les peuples libres, l'ordre veut que l'on cherche les lois
qui les font subsister , et les maintiennent sur
leur sol : et ce n'est pas tant de l'ambition et de
l'avarice des tyrans que résulte la misére , que
de l'ignorance où ils sont du rapport de leur

économie

économie avec le système physique de leur pays.

En effet, de tous les sujets qui ont exercé en divers tems les spéculations des hommes, aucun n'a été plus dénaturé que l'économie politique ; aucun aussi n'était plus exposé aux illusions de l'intérêt personnel. Les matières de cette science sont le scandale de la morale. C'est à l'intérêt personnel que se rapportent les préjugés et les passions qui couvrent ses premiers élémens ; c'est à lui à réclamer aujourd'hui la versatilité qui règne dans les opinions. Dans la foule d'écrits de tout genre et de tout système, quel est le citoyen, qui n'ait déploré quelquefois de n'en voir aucun qui ne porte la bannière de quelque coterie, et de retrouver le régime des sectes qu'il a vu dans la morale religieuse, dans les objets qui intéressent la vie des hommes et des sociétés ? Pas un écrivain qui ait osé penser de lui-même, il y a eu des tems où tout était économiste, jusqu'à Condillac. D'abord l'agriculture est encouragée au détriment des fabriques ; ensuite les fabriques aux dépens de l'agriculture : quelque tems après on voit paraître les finances, puis la banque, l'agiotage et les tontines sous toute sorte de noms. C'est avoir pris tour-à-tour une partie de ces ressorts immenses que les gouvernemens doivent monter en même tems. S'il y a eu, dans l'intervalle, quelque penseur qui ait imaginé pouvoir ramener les spéculations économiques à des principes, ses idées, présentées sans suite et sans ensemble, ont dû être regardées comme ces rêves que l'effort

E

continu et irrésistible des choses fait évanouir.
Mais ces rêves, du moins émanés de quelques
livres philantropiques, émanés de la tribune
législative dans le cours de la révolution, ont
servi à nous avertir que la subsistance des hommes n'était pas inévitablement abandonnée aux
contradictions des sophistes, et que la proportion que le travail institue entre la population
et les produits naturels et industriels des sociétés, n'est point une de ces idées fugitives qu'une
autre peut chasser à son tour.

C'est par une conséquence de cette idée que,
dans des circonstances paisibles, un gouvernement républicain s'approche avec candeur des
besoins des hommes sans y intéresser leurs passions; que, dans une grande pureté de cœur
et d'esprit, il simplifie ce dédale infini de la
finance, où toute lumière s'éteint, où tout crédit
va s'engloutir; que, posant le travail à l'entrée
de toutes les industries, il attend avec patience
ses utiles produits; qu'il asseoit des impôts sur
toutes les propriétés de la personne, mais qu'il
épargne celles qui tiennent à la vie plus immédiatement; que, pour empêcher l'industrie des
fabriquans de dégénérer en fraude, il scelle de
sa marque les marchandises, afin que chacune
circule sous la foi de sa première valeur; que,
dans toutes les transactions commerciales et
civiles, il est la raison des parties et la mesure
de leur trafic; que, sans entrer dans cet art
difficile et ténébreux d'attirer par artifice le
numéraire d'un pays dans un autre, il revient

au travail encore, et que, calculant ce qui reste au commerce, après avoir fait la part des habitans, il trouve, par les richesses véritables, mieux que par la circulation du signe, sans agio et sans virement, le moyen de déterminer la balance en sa faveur ; qu'enfin il encourage l'emploi des capitaux et le travail, en tournant les goûts de l'homme aisé vers le plaisir glorieux d'embellir la patrie, et en se montrant lui-même d'une fidélité inviolable dans ses engagemens. S'il a ensuite le bonheur d'administrer l'empire le mieux réglé de l'Europe dans ses finances, dont les revenus excèdent les besoins ordinaires de plus de cent millions, que lui manquera-t-il pour accomplir le bien qu'il porte dans son âme, si ce n'est de former des vœux pour que la paix lui permette de répandre ces cent millions en indemnités, en œuvres de bienfaisance, en utiles réparations, et de poser sur l'égalité les vrais principes de l'économie publique?

Sans doute notre situation actuelle s'oppose à la combinaison d'un système général de finances; la guerre et les services intérieurs exigent des secours prompts et étendus : les produits du travail sont lents par leur nature, et les opérations d'argent offrent une grande célérité; ainsi, contre tout esprit d'ordre et d'économie, on est forcé de recourir aux hommes à argent; et pour ne pas les aliéner, de ménager leurs fastueuses jouissances. Quand l'état est lancé au delà du cours régulier de sa constitution par l'impulsion des événemens politiques, il faut bien lui donner des

E 2

appuis irréguliers, c'est une crise dont il faut que le corps politique se dégage ; mais consacrer ces excursions de la nécessité en principes durables, les fonder en axiomes pour l'avenir, c'est consacrer dans un autre sens le gouvernement révolutionnaire ; dissiper le commerce par le scandale renaissant des banqueroutes, tenir l'agriculture sous la dépendance des banquiers, remplacer les réquisitions par le monopole, mettre le gouvernement et les individus sous l'aristocratie des riches, la plus dure et la plus cruelle des aristocraties. Supportons les traitans comme nous supportons les dilapidateurs que le peuple abhorre ; c'est un fléau créé par la guerre, employé à combattre un autre fléau ; mais si ce fléau, bien loin de féconder la terre, ne nous sert qu'à la dévorer, pourrions-nous le classer parmi les canaux vivifians de notre industrie ? et lui permettrons-nous de se déguiser sous le mot équivoque de luxe, lorsque le mot de circonstances ne lui servira plus de voile spécieux ?

Que peut-on entendre par luxe dans un système de justice qui voudrait maintenir les jouissances de la vie privée, sans affaiblir les liens de la vie publique et l'énergie de ses vertus ? Le luxe est l'effet invincible de l'inégalité des hommes, et par conséquent des nations. Il y a luxe d'une nation à l'autre, lorsqu'il y a dans celle-ci plus d'intelligence, plus d'activité, ou plus de ressources naturelles que dans celle-là ; il y a luxe entre les arts et les professions dans la même nation, lorsque l'un sera plus utile ou plus recherché que l'autre ; enfin, entre des citoyens de même art ou de même profession, en raison de la différence de facultés intellectuelles, morales et physiques, et en raison des occasions de travail. Ce luxe, qui a son principe dans la nature elle-même, est le seul légitime ; mais il faut l'arrêter ; car l'inégalité, qui d'abord grandit avec les individus et ensuite avec nous, par la faculté des transmissions, peut acquérir enfin tant de disparité, sur-tout lorsqu'on tient compte des hasards, que la subsistance de la grande partie tombe à la discrétion du petit nombre, et que, par cette servitude individuelle, la liberté civile et politique finissent par être des mots sans aucun sens.

Si les classes supérieures de la société ne se réforment sur leurs besoins indéfinis, le peuple, dans ses besoins bornés, demeurera toujours au-dessous du nécessaire ; à mesure que la pyramide s'élève, la base se réduit, au contraire elle s'élargit quand on comprime le sommet. En détruisant le luxe, il est bien vrai que vous détruisez un des termes de votre commerce, et que vous enlevez au peuple un certain travail ; mais si les matières de ce travail sont détournées de leur destination naturelle, si les produits prennent une forme artificielle qui diminue la masse des subsistances de quelque nature que ce soit, soyez sûr qu'à la fin le peuple qui se livre à cette criminelle industrie, s'en ressent, et le luxe est un effet désastreux de notre po-

E 3

litique moderne qui doit frapper de stérilité
quelque pays. S'il était dans la nature du cœur
humain de se donner des bornes, ou dans les
moyens des gouvernemens de lui en donner,
peut-être serait-il possible de faire la part du
luxe, sans rien enlever à l'agriculture et aux
arts utiles. Mais il n'en resterait pas moins à
savoir si, pour le bonheur général des hommes, il ne vaudrait pas mieux laisser un certain
nombre d'êtres inutiles, et les nourrir dans l'oi-
siveté, que de les appliquer à des occupations
qui, en démoralisant les hommes, commencent
par quelques agrémens fugitifs, leur malheur.

Néanmoins, tant que le luxe n'est considéré
dans les individus que dans la progression qui
tend à cumuler les produits naturels dans certaines mains, en les retirant à d'autres, la com-
pensation peut avoir lieu; il suffit que la législation renverse dans un des bassins ce que le
tems aura de trop accumulé dans l'autre, et que
les essences, les pierreries, les bijoux, etc., con-
vertis en taxes réparatrices et salutaires, aillent
se déposer, comme une rosée bienfaisante, sur
les terres arides ou abandonnées du laboureur.
C'est alors qu'avec le correctif des lois somp-
tuaires, le luxe peut être encouragé pour l'é-
mulation et le bonheur.

Mais si le luxe, par une transformation de
substance, au lieu de s'exercer sur l'accroissement des quantités, s'appliquait à dénaturer
les qualités au point d'enlever à la consommation réelle et générale une somme quelcon-

que de productions ; par exemple , si l'usage des
parfums , une recherche quelconque de goût in-
troduisait un rafinement destructif de la grande
consommation dans les repas, les ameublemens,
les parures , il n'y aurait plus de compensa-
tion possible sur des substances anéanties , et
tout ce qu'on pourrait imaginer ne pouvant faire
la balance du mal par le bien , ce serait d'arrêter le mal. Alors, ou le gouvernement userait
du régime des prohibitions souvent employées
dans le même genre et toujours impuissantes ,
ou il se mettrait à traiter les imaginations à la
manière des médecins. Au lieu de heurter brus-
quement les fantaisies de parure, les caprices
de goût, les modes et les bizarreries de toute
espèce , il ferait ensorte d'attirer sur lui les regards , et de donner lui-même le ton ; alors,
réformant sur lui-même ce qu'il trouverait de
pernicieux, peut-être ramenerait-il sa nation,
par les modes, à la sagesse et à la simplicité.

Car ce n'est pas assez que le luxe prépare
l'indigence des arts utiles ; qu'il enlève à la consommation les matières premières en les déna-
turant ; qu'il détourne l'amour-propre de sa
noble et salutaire direction ; qu'il alimente l'oi-
siveté , la paresse ; qu'il démoralise en forçant
la proportion naturelle des desirs au-delà des
facultés , s'il détruit l'édifice de la législation
par les mœurs , l'économie publique par des
spéculations ruineuses il renverse la hiérarchie
sociale elle-même, et foule aux pieds les fonctionnaires publics ; élevé par l'estime publique

au-dessus de tout, fixant sur son insolente élé-
vation tous les regards, s'offrant avec un corps
à nos imaginations sensuelles, si le fonction-
naire près de lui est apperçu, c'est pour être
méprisé ou pour paraître comme une statue que
l'on verrait dans le lointain, en regardant de
près le buste d'une belle femme ; ce n'est plus
qu'un triste pédagogue que nous fuyons pour
suivre l'ordonnateur de nos plaisirs, un prédi-
cateur de devoirs qui nous dérobe notre tems,
un exacteur qui nous arrache les moyens de
nos jouissances, un personnage digne de notre
haine, après avoir mérité nos mépris. Dites-
moi si Mentor lui-même, près des charmes
d'Eucharis, fut trouvé aussi importun, aussi
odieux, qu'un magistrat de nos jours à côté
du luxe.

Une autre considération vient me frapper : le
champ de nos desirs naturels, excités par la
plus active imagination, trouve ses bornes ; elles
sont dans les facultés même de nos sens ; mais
celui de l'amour-propre et de l'opinion n'en
trouve point, et il y aurait bien moins de diffi-
culté de réunir sur la bonté physique d'un objet toutes les imaginations, que, sur sa bonté
morale, tous les sentimens ; ce qu'il y a de particulier, c'est que le mérite, sur ce dernier
point, consistant à dépendre du jugement d'autrui, il faut, non-seulement que la vanité
monte jusqu'à ce qu'elle ait ramassé autant de
suffrages qu'il y a de personnes dont elle peut
être vue ou connue ; mais qu'à mesure qu'elle

se répand, elle aspire à éclipser, et tous ceux qu'elle voit, et ceux qu'elle ne voit pas, et ceux avec lesquels elle ne peut communiquer que par la renommée. Comment faire dans cette soif dévorante de l'opinion, si le gouvernement, échangeant graduellement dans les mœurs le goût de ces grâces factices et de convention contre l'estime des qualités généralement meilleures et plus belles, ne se substituait point lui-même à la mode, et ne s'efforçait enfin de devenir l'arbitre avoué de l'opinion?

Bientôt l'intérêt général étant sans fondement, le bonheur public sans substance et le commerce des hommes sans habitudes, par la légèreté, la dissipation des têtes et la frivolité des goûts, vous verrez les sentimens voltiger d'un lieu à l'autre, d'une personne à l'autre, se prendre, se quitter, se croiser, ne garder aucune empreinte, ne jamais se fixer, et se détacher si bien, par ces passagères liaisons, de toute affection de cœur, de toute liaison particulière; que, laissant à part les personnes en qui l'on n'excite plus de surprise, tout le bonheur de la vie ne consiste qu'à se faire admirer de ceux que l'on ne connaît pas.

Montrez-moi donc, cœurs vides, vos jouissances; moi, je vais vous montrer vos privations; ce lointain de tous vos projets, cet avenir de vos plus chères idées, sont-ce là les objets de votre contentement. Et qu'avez-vous tant à plaindre dans le pauvre, puisqu'il a l'espérance comme vous? Ah! si le bonheur s'achetait à

prix d'argent, vous seriez assurément les heureux de la terre. Mais, loin de vous faire jouir
en effet de vous-mêmes, voyez comme votre argent sert à ternir tout ce que vous avez. S'il n'y
a pas une seule situation de votre vie dont vous
ne puissiez concevoir une meilleure, et que
vous n'ayez la faculté d'acheter, où voulez-vous
fonder la tranquille possession de vos ames?
N'êtes-vous pas d'autant plus à plaindre en
vous-mêmes, que votre bonheur matériel vous
éloigne de l'indigent? Allez, infortunés, errez
dans l'avenir, puisque vous n'avez pas assez d'or
pour acheter le présent qui vous repousse; errez
dans l'univers, vous ne trouverez nulle part un
cœur que vous n'avez point donné; roulez dans
vos cabriolets vos corps sans ame comme on dit
que le malheureux Ixion roule sa roche; dévorez
tout autour de vous, comme si vous étiez seuls dans
l'univers; le supplice qui vous attend, est d'être
réellement seuls parmi les êtres sensibles; de ne
trouver aucun cœur qui réponde à votre cœur;
de pouvoir tout acheter, hors l'amitié et l'estime,
et de ne trouver dans vos semblables, que ce que
vous trouvez dans vos trésors, des services, et
point de bienfaits.

Dédommagez-vous de vos ennuis par le
triste orgueil de troubler le bonheur des autres;
de l'orgueil passez à la vanité; plongez-vous
dans une ivresse passagère comme dans un som-
meil; étourdissez la vie, usez-la, vantez vos
plaisirs; mais cette calme volupté du cœur, cet
abandon, cette confiance durable des ames,

cette possession de la personne, ce mélange
des cœurs, cette vigueur d'un cœur qui s'é-
lance et qui palpite de vivacité, cette douce
réminiscence du passé, cet amour ferme du présent, cette source toujours fraîche, toujours
nouvelle, qui coule dans les êtres sensibles pour
perpétuer le plaisir, ce généreux appui de la
force qui se prête à la faiblesse, ce langage intérieur, plus communicatif que la voix, ces pro-
messes, ces vœux sacrés, cette opinion inébran-
lable de la vertu, cet amour-propre qui triomphe d'une préférence marquée, ce cœur fier qui
embrasse sa possession comme le bonheur de
ses jours, cette sainte amitié si commune dans
nos guerriers et parmi les héros des antiques
républiques; vous ne connaissez rien de tout
cela. Vous ne connaissez donc pas le bonheur?
Gardez, gardez votre affreuse avidité que nous
ne vous envions que parce que nous ne savons
pas la connaître, ou s'il est donné à l'homme
de jamais se dépouiller de quelqu'habitude,
puissiez-vous revenir de la vôtre comme d'un
songe inquiet et agité, puissiez-vous ne plus
empoisonner l'athmosphère dont nous respirons
avec vous les influences.

CHAPITRE V.

La liberté politique, pour être liée à l'économie du bonheur public, exige la classification des citoyens, par leurs professions respectives, et leur représentation au corps législatif. — Opinion renvoyée à la révision constitutionnelle.

EN remontant à l'acte primitif de l'institution sociale, qui est la division du peuple par rapport à l'administration, l'on trouve des nations divisées par le territoire, et d'autres qui le sont en elles-mêmes, par classes d'individus; tous les tems et tous les pays nous offrent tour-à-tour ces différences, et nous voyons dans l'origine, que la division de classes est particulièrement affectée aux peuples libres, jouissant des droits de la cité. Athènes, Carthage, les Romains, les Juifs sous les juges eurent leurs tribus, leurs curies, leurs decuries, leurs centuries, etc. Les Perses, les Egyptiens, et les Romains ensuite, ne connurent que leurs provinces, et les Juifs eurent besoin de toute la force des traditions religieuses sur leurs patriarches, pour résister au despotisme qui tendait à confondre toutes les divisions nationales dans celles de la Judée, de la Samarie et de la Galilée.

Par le mot de classes, je n'entends point les distinctions de race, tels que les patriciens et les plébeyens, les ilotes et les hommes libres, les roturiers et les nobles; encore moins celles des tribus patriarchales des Juifs, semblables aux généalogies des nobles Vénitiens. Je veux exprimer une répartition actuelle des habitans d'un pays, civile, militaire, religieuse ou économique, selon le but que se propose la société; la division de territoire me paraît être mieux appropriée à un peuple agricole ou pasteur, comme est la Russie, où les terres sont évaluées par la quantité de paysans, ainsi que nous évaluons les nôtres par celles des bestiaux; comme furent nos barbares ancêtres, lorsque voulant se fixer, ils établirent le servage de la glèbe chez eux. La division civile des individus convient mieux à un peuple peu industrieux, content de sa médiocrité, comme étaient les Anglais sous Alfred-le-Grand; la division militaire à un peuple conquérant, la religieuse à un gouvernement de prêtres, et la division économique à un peuple éminemment industrieux. Par division économique, j'entends celle dont la description est tracée sur les besoins respectifs auxquels nous assujétit notre position et la nature, sur la division et la société des arts.

Seulement je veux entre les arts établir une différence, et il n'est pas bon de donner à tous indistinctement le premier rang; il y a, dans les nations comme dans les individus, des

moyens plus ou moins honnêtes de se procurer
la subsistance ; et il vaut mieux l'arracher à
force de travail à la nature, que de l'enlever
à ses semblables à force armée ou par d'autres
moyens. Ainsi, les Lacédémoniens, qui for-
maient une classe toute militaire pour défendre
leurs terres cultivées par des mains esclaves,
devaient un jour abuser de leur police pour le
brigandage ; et forcés de se borner, par leur
économie, au simple nécessaire, ils devaient,
par leur régime militaire, convoiter le superflu
de leurs voisins. Licurgue, en les instituant
ainsi, y fut forcé sans doute par la jalousie des
autres peuples ; mais il devait prévoir qu'un
peuple tout guerrier ferait dépendre enfin sa
subsistance plutôt de son épée que de son industrie, de sa charrue, ou de ses travaux. Quant
aux Romains, qui donnèrent la préférence aux
classes militaires sur les classes laborieuses ins-
tituées par Numa et Servius-Tullius, le tems et
leur destin les punirent assez de ce choix par
les guerres civiles que leur propre agrandisse-
ment leur suscita. Et lorsque les légions destinées à demeurer dans les provinces, rentrèrent
dans le pays, ce grand corps se trouva frappé
d'un coup mortel, comme si toute la masse du
sang, qui le vivifiait, s'était portée vers le cœur
par une contraction subite.

Oui, s'il est une loi constante dans le sort
des empires, c'est que l'ambition finit par retomber sur le peuple ambitieux ; et la même loi
qui a condamné les hommes au travail, est dans

sa fidèle exécution le plus ferme garant de leur durée. Or, si c'est de la diversité de nos besoins que naît la variété de nos travaux ; si la diversité des travaux, représentée par la diversité des arts, établit par la seule combinaison et le commerce des secours mutuels, le premier motif, le vrai motif de toute société humaine, sur quel autre principe pourrions-nous diviser la population, que sur celui des arts qui la font subsister, et qui en ont déterminé la réunion ? Ce n'est pas tout : peut-être les Romains et les autres nations qui ont distribué leur masse par classes laborieuses, pouvaient avec raison s'arrêter à ce premier point : le commerce alors n'était presque rien, et en ôtant de leurs moyens réels le produit des conquêtes, tout le reste se réduit aisément au labourage et à quelques arts grossiers.

Mais ce n'est point dans l'enfance des nations qu'il faut envisager l'organisation d'un corps politique ; qui dit peuple, dit une multitude réunie pour s'entr'aider par les travaux de chaque individu, et qui dit peuple libre, dit cette multitude occupée à faire des lois pour conserver, perfectionner, multiplier les produits de son industrie, ou par elle-même, ou par ses délégués ; de quelque manière que l'on retourne les lois, on n'y verra que ces deux choses, le maintien de la propriété d'un art quelconque, et celui de la sûreté des personnes qui y revient, puisqu'en général, les personnes ne sont attaquées que pour les biens qu'elles possèdent ; ainsi il s'agit de savoir s'il est plus sûr, pour gouverner les arts, de prendre hors de leur sein des hommes qui les représentent ; s'il est plus raisonnable de déléguer à d'autres qu'à eux-mêmes le soin de les défendre, de les encourager, de les éclairer. Une société de négocians ne donne point ses spéculations à conduire à un architecte, une société d'architectes ne fait point juger ses plans de construction par un homme de loi, et un état-major d'armée ne s'en rapportera point, pour la justesse de ses combinaisons, à la décision d'un médecin ; l'absurdité saute aux yeux, et si elle est moins palpable sur la généralité qui embrasse tous ces états, c'est qu'elle disparaît à notre vue sur le plan indéfini, mobile et irrégulier d'une vaste population.

Quels sont les élémens de notre base économique ? C'est l'agriculture, le commerce, les fabriques, les arts, les sciences et l'instruction. Voilà nos ressources, nos besoins et nos intérêts. Quels sont les élémens de notre législation ? Ce sont les finances, les travaux publics, les routes, les canaux, les monumens, l'administration, les milices, les arsénaux, la marine, les lycées, l'esprit public, les fêtes, les récompenses, les peines, les supplices, les tribunaux, etc. ; les élémens de notre politique sont les négociations, les ambassades, les traités, la guerre, et tout ce qui s'y réunit. La politique et la législation sont deux forces, chacune divisée en deux parties, l'une réprimante, soit au dedans ou au dehors, et l'autre conservatrice.

Réprimante,

Réprimante, contre les passions qui empiètent sur le fond de chaque industrie, et conservatrice de ce même fond. La marine, les routes, les canaux sont ordonnés au commerce, les écoles, les lycées aux sciences et à l'instruction les fêtes, l'esprit public, les récompenses, l'administration, les monumens, les finances, les ambassades au dehors, les traités, le sont à tout comme force conservatrice; les milices, les arsenaux, la législation civile et criminelle, la guerre, le sont comme force réprimante. Les hommes les plus propres à créer les lois relatives à la conservation et à la perfection des arts, sont les artistes; à la conservation et à la perfection de la tactique militaire, ce sont les guerriers; de la marine, ce sont les marins; de l'instruction des professeurs; de l'agriculture, des cultivateurs, etc., ainsi du reste. Les hommes les plus propres ensuite à la répression des délits dans toutes ces parties, et à l'art de les découvrir sous le voile de la dissimulation ou de la ruse, ce sont les hommes de loi.

Si le motif de toutes les lois était purement négatif, s'il ne consistait qu'à garantir nos chantiers, nos ateliers et toute l'enceinte de nos travaux, des fureurs des passions intestines, qu'aurions-nous de mieux à faire qu'à nous confier exclusivement à des hommes de loi? Mais lorsqu'il est question de déterminer l'organisation propre à l'avancement d'un art comme celui de la guerre, de la marine, des finances, de l'agriculture et de l'éducation, etc.; de détruire

F

des préjugés nuisibles, des routines pernicieuses; d'introduire des procédés utiles qui ne peuvent passer qu'au moyen d'une forte impulsion, les hommes de loi peuvent-ils être utiles? Peut-il être permis de traiter les arts comme on traite un systême intellectuel de métaphysique? Et n'est-ce pas être ennemi de son pays que d'abandonner leurs inventions comme de vieilles cathégories, à l'entêtement des savans, à l'intérêt, à l'intrigue de l'ignorance, à la paresse qui profite de ce qu'elle sait, et rejette, comme faux, ce qu'elle ne sait pas; aux flux et reflux des notions générales, et au cours lent et fortuit de la lumière à travers le vague hétérogène, variable, errant et indéterminé de tous les esprits? Ce n'était donc pas un reproche mal fondé celui qu'on faisait à l'assemblée constituante, d'avoir composé son comité militaire, d'avocats? Sans doute, un avocat exercé à rédiger avec netteté et rapidité ses idées, souvent exprime mieux ce qu'il sait, qu'un homme de métier; mais eût-il l'art de Raymond-Lulle qui enseignait à parler de tout en impromptu, je lui défierais d'avoir assez de tems, même pour en apprendre les formules.

Il y a une maxime dans notre économie, qui est que l'émulation suffit pour encourager le commerce et les arts. Quand cette maxime serait vraie, il y a des réglemens qui émanent de la tribune législative, pour lesquels il est bon que les hommes de l'art soient consultés. Mais supposons que le législateur, au lieu d'abandonner les arts à leurs rivalités, qui tendent moins à l'émulation qu'aux cabales, veuille se charger une fois et de réprimer ces cabales, et de rechercher les méthodes réglementaires les mieux combinées pour l'avancement de ces mêmes arts. Pense-t-on que ceux-ci, placés alors sous l'œil vigilant d'un génie éclairé, choisi parmi eux, et élevé au-dessus de leurs jalousies, ne fructifieraient pas mieux que sous l'œil de l'envie et d'une licencieuse liberté ? Il n'y a rien ici-bas qui soit pur d'abus et de mêlange, et c'est en vain qu'on opposerait les haines personnelles de quelques savans ou gens de lettres, dirigées contre leurs confrères du sein de la convention. La révolution ne conclut point pour des époques plus tranquilles, et l'on pourrait trouver, dans la convention elle-même, d'honorables exceptions. Au contraire, pour qui connaît l'esprit humain ; nul talent n'étant plus estimé que par les talens de même genre ; la considération de l'artiste donnerait nécessairement de la considération à la loi, et elle n'en obtiendrait que plus d'effet.

Mais il s'agit principalement d'un motif plus puissant, plus profond et plus étendu que quelques avantages accessoires. Depuis le renouvellement des sociétés par la navigation et le commerce, on peut dire qu'il n'est guères d'esprit patriotique que celui qui est lié à l'intérêt personnel ; les généreux dévouemens, l'amour-propre national, ne paraissent plus que dans les révolutions des peuples ; et si vous voulez

faire germer, si vous voulez nourrir les sentimens patriotiques, il faut unir à la patrie l'a-
mour - propre et l'intérêt des professions et des
arts. Je l'avoue, je ne vois rien de mieux entendu, de plus utile, de plus patriotique que
les corporations anciennes; je n'en banirais que
les privilèges comme contraires au droit des
citoyens; mais, soit qu'on les envisage sous le
rapport de la morale, ou sous le rapport économique et civil, qu'on me montre une institution plus propre à réformer les hommes, à
prévenir leurs dissentions, et à perfectionner
leurs talens, que des classes de citoyen, où chacun, par honneur d'état, et par réputation, se
trouve solidaire de la conduite et du mérite des
autres; passons cela néanmoins et voyons: Il ne
faut pas qu'il dépende d'un syndic, d'un maître
patenté ou autre, de donner du travail ou d'en
retirer à volonté; s'il faut un esprit de communauté à ces classes, il doit descendre de plus
haut. Oublions tous ces statuts d'organisation
et de tyrannie particulière; accordons, s'il le
faut, aux plus anciens de la classe, un droit de
police sur les mœurs, mais jamais sur le travail,
dont le public et le législateur doivent seuls
avoir l'inspection.

Qu'on ne parle donc plus de ces zizanies, de
ces dissentions personnelles et générales entre
les individus ou les professions; le motif de ces
dissentions étant nul, il n'y a pas plus de raison
de prévoir ce qui n'est jamais arrivé, même sous
le tems des privilèges, qu'il n'y en aurait au-

jourd'hui de concevoir une pareille crainte des
divers corps militaires qui composent l'armée
dans différentes armes et différentes divisions.
S'il peut exister, au contraire, une véritable fra-
ternité au monde, c'est de la société des arts
qu'elle doit émaner. Qu'on me montre un préservatif plus puissant contre toute espèce de fé-
déralisme, un gage plus sûr de l'unité ; nous
cherchons l'indivisibilité de la République, eh !
ne voyons-nous pas la nature qui nous l'offre
dans le commerce nécessaire et indissoluble des
arts ? Que sont les combinaisons de localités,
les enchaînemens d'autorités, et toutes les ressources du génie, pour unir les hommes, près
de cette chaîne éternelle de secours récipro-
ques, qui sort du sein de l'humanité même avant
l'institution des sociétés. Nous craignons les corporations, et tout gouvernement est impossible
sans elles. Que sont les établissemens militaires
et civiles, si ce ne sont pas des corporations ?
ils n'ont point de privilèges, eh bien ! n'en donnez point aux arts, ils n'en profiteront que mieux.
Mais les hommes, dans ces établissemens, se re-
nouvellent ; et n'est-ce pas précisément le motif
qui rend les renouvellemens utiles, qui les ren-
drait funestes dans les arts ; car l'intérêt personnel de l'individu, étant à-peu-près dans une
raison égale à l'influence qu'il exerce sur ses
semblables, il n'a guères de moyens de s'écarter
de la modération ; mais l'action du fonction-
naire, n'ayant aucun rapport avec la multipli-
cité des effets qu'il produit, la tentation de l'abus

F 3

est sans cesse à côté de l'usage. Aussi la moralité des hommes se conserve dans l'exercice de leur profession, principalement dans celles des arts, et elle se déprave dans l'exercice des fonctions que l'état leur confie.

Maintenant que toutes les sphères de l'industrie publique sont créées, qu'elles vont aboutir par autant de rayons à leur centre dans le corps législatif, imprimez un mouvement commun à cette architecture, il faudra bien qu'elle tourne autour du corps législatif ; alors, conformément au pacte constitutif des sociétés, et spécialement au système économique de la France, tous les intérêts sont entraînés par la révolution du grand mobile, et on ne les voit plus isolés, perdus dans la cohue, pouvant à tout instant passer d'un pays à l'autre, et emporter tout avec leur sac. Alors l'ébranlement qui se fait sentir dans quelque partie que ce soit de la république, va retentir dans ses entrailles ; les mandataires sont avertis ; et les arts sont protégés de toute la force de l'état. Alors la république française n'est pas seulement la république de quelques départemens territoriaux, elle devient la république des arts.

Que l'on regarde donc cette opinion comme un être de raison, digne d'être replongé parmi les idées éternelles, elle n'en aura pas moins de justesse et de fécondité ; et au moment où le ministre de l'intérieur appelle à la fête de la république les produits réunis de tous les arts ; à la fête de l'agriculture, des échantillons de son industrie ; où les bons esprits , généralement tournés vers l'économie publique , proposent , entr'autres moyens d'instruction , un museum d'histoire artificielle , à l'instar du museum d'histoire naturelle que nous avons ; peut-on ne pas sentir ce qui manque à la France régénérée , pour allier , par une chaîne réelle , les arts avec la liberté ?

Ce n'est pas assez de réunir le stimulant de l'opinion à celui de l'intérêt , en les élevant sur un grand théâtre ; si les arts ne sont tout , ils ne sont rien. Eux qui nous suivent dans tous nos besoins , sans lesquels nous ne pourrions faire un pas sans tomber , qui nous habillent , qui nous abritent , nous nourrissent , qui nous font jouir de la vie , et pour lesquels les hommes ont créé les lois , nous avons le courage de les couronner ! Et que sommes-nous sans les arts ? quel motif avons-nous d'exister que les arts ne nous donnent ? Nous voulons régner sur eux ; c'est méconnaître le fondement de la civilisation elle-même. Si les arts ne se jugent eux-mêmes , s'ils ne s'encouragent , ne se couronnent et ne se représentent dans le corps législatif , ils n'y a point de liberté politique pour eux.

Cependant retranchez de la qualité de citoyen la profession qu'il exerce et la propriété qu'elle lui a acquis , que lui en reste-t-il ? Vous fondez la qualité de citoyen sur la simple propriété qui est le résultat de la profession ; j'aimerais mieux la fonder sur la profession elle-même ; j'aurais au moins la certitude de la fonder sur une légi-

time propriété. La constitution semble avoir
pressenti cette objection, en prescrivant qu'à
l'avenir tout Français aura un métier pour exercer ses droits politiques. En effet, s'il y a de vrais
citoyens actifs, c'est principalement les gens qui
travaillent; le nombre des représentans doit être
moins en raison de la population absolue que de
la population productive; et si la population
entière était un jour amenée à travailler, sa représentation effective ne serait point basée sur la
faculté générale du travail, mais sur les rameaux
productifs dans lesquels il se subdivise. Représenter le travail en général, c'est représenter
une chimère; et il n'y a point de représentation
si l'on ne peut définir ce qui est représenté.

Pour définir réellement l'état de notre société,
il faut donc diviser la population par les arts
qu'elle exerce; celui de l'architecture, qui comprend le maçon, le peintre, l'ébéniste, le tapis-
sier, le doreur, etc.; celui du vêtement, qui a
sous lui le cordonnier, tailleur, perruquier, etc.;
la profession de l'instituteur au moral et au physique; celle du professeur dans les neuf parties
d'enseignement assignées à nos écoles; celle du
médecin, du militaire, de l'ingénieur, du ma-
rin et les autres; celle de l'écrivain moraliste, qui
observe l'esprit public; de l'homme de loi, qui
voit l'effet des mœurs privées et les moyens d'en
arrêter les attentats, etc. En prenant seulement
pour chaque classe le genre qui la distingue et
qui comprend sous lui plusieurs espèces d'industrie ou de talent. La commission des onze

avait déja proposé , d'après les conseils de la
plus salutaire expérience , de n'élire aux fonctions d'un ordre supérieur que des hommes graduellement avancés dans les emplois d'une classe
inférieure. Cette discipline législative , dont l'objet est d'assurer aux différens pouvoirs des fonctionnaires expérimentés et déja préparés par un
noviciat , serait d'une importance bien plus
étendue dans notre hypothèse , lorsqu'il faudrait
d'adopter comme une base rigoureuse à l'éligibi-
lité des représentans des arts , et l'on peut envisager d'avance combien un pareil mode va à son
but , si l'on considère qu'il suppose , d'un côté ,
des connaissances réelles dans les candidats , de
l'autre , une modération de mœurs pures et con-
servées dans le sein de l'étude ou d'un travail
habituel.

Chaque classé , selon le nombre des citoyens
qui la composent, donnerait un nombre propor-
tionnel de députés , et le nombre total des législateurs serait en raison de la composition et du
nombre des classes.

Ainsi chaque citoyen , dans sa profession ,
aura des degrés à remplir avant de parvenir à la
législature. La nécessité d'un lieu pour se réunir,
celle de faire des segmens de ces classes , toutes
répandues et mêlées comme des couches nourri-
cières sur la face de la nation , exigeant secon-
dairement des circonscriptions de localités , on
prendrait les cantons et départemens pour les
réunions solemnelles.

Ces assemblées , justement appelées celles des

ordres de l'état, n'auraient aucun rapport aux ordres oubliés du tiers-état, du clergé et de la noblesse, ou ce serait enfin le tiers-état lui-même, dont la représentation ne serait plus composée d'hommes toujours de la même profession.

CHAPITRE VI.

La liberté politique, comme institution, est aussi nécessaire à la validité du pacte social, et à la garantie des citoyens, que la liberté civile. — Contre ceux qui accordent une prééminence à la liberté civile, et qui raisonnent inconstitutionnellement sur les élections.

QUELLES que soient les atteintes déja portées à la constitution, elle est encore l'asyle du pauvre et du citoyen qui n'attend rien que de sa vertu; elle est un objet sacré pour le peuple, comme l'est pour le malheureux son vêtement, et la nécessité l'y affectionne, quoique son esprit et son cœur lui soient néanmoins fermés; c'est un profane qui méconnaît les dieux, et qui se réjouit d'être réfugié dans leur temple. Mais tant que cette constitution ne s'annoncerait que comme le préservatif de l'anarchie et comme une police dirigée contre les crimes des particuliers, la nation ne serait qu'au premier degré de son institution politique; elle n'aurait fait que ce qu'il faut pour n'être plus dans le chaos, elle n'aurait rien fait

contre le despotisme, et sa législation serait une
force morte ou négative, uniquement destinée
à empêcher mon voisin de me voler à force ou-
verte ou de m'assassiner : tel est l'objet de la liberté civile ; c'est la faculté d'habiter chez soi,
de voyager, de pourvoir à ses plaisirs, à ses travaux, à son industrie, sans craindre les assassins
ou les voleurs ; et cette liberté n'a jamais été plus
grande que sous la monarchie. Si l'Europe moderne n'avait sur l'antiquité d'autre avantage
plus précieux, je doute que celui-ci fût en sa
faveur. Assurément personne ne croira que dans
Rome, sous la république, la police se fît plus
mal que dans Paris ; et il est certain que la police des mœurs s'y faisait mieux. L'essentiel, pour
se dire libre, n'est donc pas précisément d'empêcher les brigandages publics qui se font contre
les lois, mais d'empêcher les brigandages secrets
qui se font selon les lois ; d'empêcher les attaques
individuelles, mais les attaques de corps ou de
parti qu'on peut faire à l'ombre de l'autorité. Le
premier soin d'un gouvernement, et chez les
sauvages eux-mêmes, s'il y a des propriétés,
c'est d'éviter qu'on ne vole, ou qu'on n'assas-
sine sur les grandes routes, qu'on ne force la
porte des maisons, et qu'on ne dérobe par
adresse ; cela est commun à toutes les nations
de la terre, barbares ou policées ; il suffit pour
cela qu'une réunion d'hommes veuille rester en
société ; il n'y a là rien d'essentiel à aucune forme
politique, républicaine, despotique, monarchique, etc. Seulement, à mesure que la popu-

lation s'accroît et que les propriétés s'accumulent, la police et les tribunaux doivent augmenter d'étendue et d'activité.

Mais à quoi servirait que la personne et la propriété fussent garanties contre les violences particulières, si elles ne l'étaient point contre les lois ou l'abus que l'autorité en ferait? Quel avantage y aurait-il de sauver sa bourse d'un fripon adroit ou d'un voleur brutal, s'il était impossible de la sauver de l'exagération de l'impôt, si, pouvant la sauver de l'impôt, on ne pouvait la soustraire à une monnaie frauduleuse, aux scandales des réquisitions ou à la rapacité du ministère public? Il faut que le peuple trouve une garantie contre ses propres fonctionnaires; et cette garantie consiste de sa part à les choisir et à les surveiller par l'opinion; telle est la liberté politique, sans laquelle la liberté civile n'est presque rien, sans laquelle le peuple, placé entre le gouvernement et les voleurs de grand chemin, peut répondre comme cet âne; que m'importe d'être pillé par mes magistrats ou de l'être par des voleurs?

La liberté politique est le droit qu'a le peuple de pourvoir aux besoins de la société, comme ne dépendant que de lui-même, et la nécessité où il est de le faire pour assurer rigoureusement ses intérêts; j'ai lu quelque part que, dans l'état de civilisation et de richesse où l'Europe est aujourd'hui parvenue, les nations ont plus à craindre pour leur liberté civile que les peuples anciens, et je me souviens que c'était aussi le sentiment de Lémérer (1). Si ces mots signifient quelque chose, ils signifient que celui qui a plus, a plus à craindre que celui qui a moins; et cependant si l'on considère que le pauvre tient autant à ce qu'il a que le riche, il faut croire que la liberté civile fut dans tous les temps également chère aux hommes, et qu'ils y pourvurent par des soins proportionnels à l'étendue de leurs possessions. Si l'accroissement de nos propriétés, en montrant notre indigence par nos richesses, exige une police plus étendue que chez les anciens, est-ce à dire que la police, plus bornée chez les anciens, fût dispensée d'être plus sûre? Lorsque des propriétés plus étendues donneront lieu à renforcer les ressorts contre les attentats des particuliers, est-ce une raison de se relâcher contre les attentats des fonctionnaires. Je vois bien que la liberté politique paraît être aujourd'hui moins chère aux hommes qu'elle ne l'était autrefois; mais la raison n'est pas que les fonctionnaires qu'elle doit surveiller soient de nos jours plus modérés et plus incorruptibles. La raison est que la facilité que fournissent à la cupidité et à l'ambition notre commerce et nos richesses rend la surveillance presqu'inutile, et qu'on semble penser qu'une vertu qui a besoin d'être continuellement gardée, ne vaut plus la peine d'un gardien; ajoutez que la faculté que donnent ces mêmes richesses de vendre et acheter les hommes suffit pour paralyser l'exercice de toute

_____

(1) Opinion sur la liberté de la presse.

surveillance, et pour rendre la liberté polique très-difficile, sinon impossible à conserver.

Il suit de là que la liberté civile et la liberté politique, exerçant leur activité chacune sur des personnes différentes, sur le citoyen et sur l'homme public, ne peuvent réciproquement se suppléer, qu'elles concourent toutes deux à garantir le dépôt sacré de la fortune publique, que sans la liberté civile, l'état tombe dans l'anarchie, et sans la liberté politique, il tombe sous le joug des tyrans. J'avouerai donc, si l'on veut, que le calme intérieur et la paix se marient mieux avec la liberté civile, parce que le peuple n'a point à agir, mais, sans liberté politique, cette cette paix entre le peuple et les fonctionnaires, n'est plus que celle d'un homme lâche et apathique qui laisse tranquillement dérober sa maison.

Voilà l'abus: les abus ne sont point des principes, et il est aussi impertinent d'assurer que l'on pourrait se passer de liberté politique en Europe, parce qu'elle y serait nulle, que de refuser à un homme sa liberté naturelle, parce qu'il serait dans les fers. Les fonctions de la liberté civile, n'étant point celles de la liberté politique, ne peuvent réciproquement se suppléer: toutes deux concourent à tenir le gouvernement entre les deux extrêmes, le relâchement de sa force et la violence de sa tension; toutes deux tendent à placer au centre la vie du corps politique; et lorsque, faute du ressort qui le retient, l'intérêt personnel du gouvernement se dégage, ses passions attirent l'intérêt public, et le gou-

vernement ne paraît plus que comme une tête
d'or qu'on poserait sur un corps d'argile.

On connaît en général les moyens de garantir
la liberté civile des pièges de la ruse, des violences de la force ou des attaques de la trahi-
son ; ils sont puisés dans la connaissance de la
justice et de la marche des passions : les bases
de la liberté politique sont plus difficiles à poser, c'est-à-dire, qu'il est plus difficile d'établir
les rapports d'après lesquels le peuple doit réprimer l'ambition de ses fonctionnaires ; les anciens avaient donné une grande influence au
peuple dans des affaires, et croyaient ainsi tenir
en crainte les magistrats. En France les parle-
mens, en Espagne l'inquisition, et en Allemagne
le régime féodal, arrêtaient quelquefois les excès de la puissance suprême, mais par d'autres
excès aussi peu avantageux à la nation. En Hol-
lande, à Venise et dans le reste de l'Europe,
rien n'avait été mûri par le conseil ; tout avait
été créé par les circonstances, et le peu de sagesse que la Suisse cachait dans ses montagnes,
elle la devait à ses mœurs, et non à ses lois.
L'Angleterre et les Etats-Unis étaient les seules
nations constituées, d'après le vrai système qui
convient à un grand peuple, le système des représentans ; mais ces représentans eux-mêmes,
étant des hommes faibles ou corruptibles, s'é-
taient déja habitués dans ces pays à trahir leurs
compatriotes, quand la révolution française a
commencé.

Tel était le tableau instructif que présentait

l'Europe aux législateurs de la France, pour
fonder la liberté politique dans un état qui ne
la connaissait pas, ce tableau était celui des
usurpations de la puissance exécutive : la révolution, par un excès contraire, renversant la
face de ce tableau, venait de completter le cours
expérimental de notre instruction, au moment
de la constitution de l'an 3. Dans le premier
cas, la liberté politique était trop faible, et dans
le second, elle était devenue si vigoureuse, que
la liberté civile n'était plus rien. Les magistrats,
dominés par l'empire exclusif de la multitude,
qui sans cesse pouvait abroger ses propres lois,
n'étaient plus garantis par la volonté nationale,
et n'avaient plus de titre pour protéger la société. C'est à nous de considérer cette progression
et le point où nous a ramenés la réaction qui
l'a suivie, c'est entre l'action et la réaction que
se trouve la fixité ; et comme si les événemens
avaient tout fait pour nous instruire, c'est après
le 9 thermidor, entre les noyades de la Loire
et des massacres du Midi, que la liberté politique fut la plus grande, sans que la liberté
civile en éprouvât aucune altération ; la convention était devenue stationnaire, le peuple
était réuni dans les sociétés patriotiques, et toutes
ses dénonciations sur les personnes, ou ses ré-
clamations sur les choses, étaient écoutées avec
calme et jugées avec équité. Si la voix d'une
société partielle se rendait impérieuse ou mena-
çante, on lui rappelait qu'elle n'était qu'une
fraction du peuple ; que son droit était subor-
donné,

donné, et qu'il devait s'anéantir devant la représentation du souverain. L'esprit public sup-
pléait aux lois elles - mêmes, et le peuple se
montrait aussi sage, aussi majestueux par l'expérience du terrorisme, qu'il l'avait été par l'expérience du despotisme aux premiers jours de
la révolution ; la crainte de ses propres fureurs
étonnait sa raison devenue plus calme, le danger auquel il venait d'échapper, l'engageait à
environner de confiance et de respect ses magistrats ; il s'éclairait alors, il revenait de toutes
ces dénonciations vagues et turbulentes, il sentait le besoin d'être gouverné ; admirable pouvoir de la raison sur la multitude ! c'était le règne
du véritable esprit public. Tandis que la liberté
politique tenait sous sa vigilance l'ambition des
chefs, elle passait dans l'ame des citoyens, leur
inspirait la générosité du bien, une subordina-
tion réfléchie, réveillait l'amour-propre, et fa-
cilitait le jeu de l'administration ; c'est ainsi qu'a-
près avoir rapproché les magistrats du peuple
par la surveillance, elle rapprochait le peuple
des magistrats par le sentiment de sa dignité ;
c'est ainsi qu'après avoir préparé le bien hors
du peuple, comme institution, elle le préparait
en lui, comme sentiment

Cette éunion de l'amour-propre national et
de la raison publique avait été remarquée par
les patriotes ; ils en firent leur point de rallie-
ment, et, en quelque façon, leur corps d'armée
avec les hommes de 89. On les vit lutter quelque tems, se défendre contre la réaction ; mais

G

enfin , emportés par le torrent , dispersés ou massacrés , notés de toute part comme terroristes , ceux qui échappèrent aux assassins , se cachèrent , ne pouvant plus servir la liberté ; et lorsqu'après la victoire de vendémiaire , remportée avec nos frères d'armes , ils croyaient ne trouver , dans les fonctions , que des patriotes fidèles ; ils y trouvèrent de rusés royalistes qui avaient survécu à la défaite du parti ; ils élevèrent la voix , ils écrivirent ; mais des nuées de folliculaires , abandonnant leurs souterraïns , dirigèrent leurs armes contre les principes , et le patriotisme ne se sauva qu'à la faveur du 18 fructidor ; cependant la blessure profonde , faite aux principes conservateurs de la république , par le stilet de la royauté , n'était pas propre à se cicatriser sitôt , et le contact de l'air ambiant de l'aristocratie , devait l'envénimer encore. Eh bien ! implacables ennemis des principes , indignes flatteurs , vils courtisans , si vous souhaitez qu'après s'être cachés , les patriotes se taisent , que ne tentez-vous de supprimer tout-à-coup le livre de la constitution ? Qu'espérez-vous leur persuader , en accolant Mirabeau (1) , le défenseur forcené du véto absolu , à Condorcet , l'apôtre le plus désintéressé de la république , en accu-

---

(1) On connaît le mot de Mirabeau à la discussion du véto royal : si l'on ne passe pas au pouvoir exécutif le véto absolu , j'aime autant vivre à Constantinople. On peut donc affirmer sans témérité aujourd'hui , que le pouvoir exécutif est sans véto , et sujet à une responsabilité ; que Mirabeau aurait , ou émigré , ou conspiré contre une constitution despotique.

mulant dissertations sur dissertations, odieuses allégories sur odieuses allégories, en mettant dans la bouche du crime des maximes que la vertu elle-même ne peut littéralement désavouer, en infirmant les droits du souverain pour les transporter à la législature ; croyez-vous obscurcir dans notre pensée le texte de la constitution? Relisez la constitution, comparez-la à vos principes, et revenez de vos erreurs.

La république française est indivisible ; donc sa souraineté réside dans l'universalité des citoyens.

Elle est représentative ; donc ses lois sont faites par des représentans. Quels sont ces représentans? les élus du peuple, d'après les qualités déterminées par la constitution. L'existence de la loi suppose donc l'existence de ces qualités ? Et qui est-ce qui juge de la réunion de ces qualités dans un élu? le corps législatif. Le corps législatif prononce sur le fait si le réglement constitutionnel a été observé ou non dans l'élection de tel individu. Et s'il était évident qu'un individu élu eût été exclus ayant les qualités requises, l'acte du corps législatif serait-il nul? Oui, il le serait radicalement comme tendant à détruire le principe constitutif de son existence. Mais s'il était de notoriété publique et d'une évidence matérielle d'un côté que le réglement constitutionnel eût été observé, tandis que de l'autre, contre tout principe et toute évidence, le corps législatif déclarerait qu'il a été

enfreint, et qu'au mépris de la constitution,
une minorité fut préférée à une majorité, à
qui faudrait-il s'en rapporter, au corps législatif
ou à l'évidence ? à l'évidence, aux principes ?
Car au-delà des principes est l'arbitraire, le despotisme et l'anarchie.

Vous dites que la constitution charge le corps
législatif de prononcer sur la validité des actes
des assemblées électorales, qu'elle ne précise
point les circonstances d'après lesquelles une
élection doit être déclarée nulle, et que c'est
par conséquent au corps législatif à les préciser ;
c'est lui qui peut casser, annuller, admettre,
rejeter, choisir à volonté. Dans ce cas, voulez-
vous que les corps électoraux ne soient que pour
la présentation des candidats ? Et à quel propos
la constitution s'arrète-elle à prescrire les qualités qu'elle requiert pour être éligible ? Pourquoi
donne-t-elle la forme de l'élection ? La constitution retire-t-elle d'une main ce qu'elle donne
de l'autre ? De quelles qualités sur-tout la constitution veut-elle qu'on juge ? De quelles qualités
le tribunal civil du département peut-il juger ?
Est-ce de qualités mentales ou de qualités extérieures ? est-ce de la moralité personnelle ou des
formalités qu'on est tenu d'avoir rempli pour
être élu ? et si l'élu du peuple était un homme
immoral, et qu'il reunît d'ailleurs les qualités
prescrites, vous casseriez donc son élection.
Pour usurper une telle censure sur le peuple ;
pour adopter immédiatement les hommes, ainsi

que lui, d'après leurs vertus ; pour lui enlever tout motif de choisir, et par conséquent pour lui enlever son choix, il faudrait supposer des législateurs ayant la pureté des anges, à qui le peuple eût confié son droit d'élection. Il n'est pas possible de se déclarer plus formellement contre le texte de la constitution et le principe de la souveraineté sur lequel elle répose ; et lorsqu'on se met à dire, par exemple, que les députés d'un département ne sont pas députés de la nation, il n'y a rien à répondre à cela, si ce n'est de laisser parler la constitution, qui dit mot pour mot tout le contraire, qui annule le mandat particulier pour le transformer en mandat universel.

Et si l'élection d'un département n'était pas un acte de souveraineté, en vertu de quel droit le député élu viendrait-il représenter le souverain ? Que signifie cette distinction que l'on fait ? Lorsque l'acte constitutionnel, dit-on, fut soumis à l'acceptation du peuple, on fit le recensement des majorités partielles, d'où résulta la majorité totale exprimant le vœu du souverain ; au lieu que si un député est élu par un département, la majorité qui le choisit n'étant que partielle, n'exprime point le vœu du souverain. Mais lorsque la constitution déclare que ce vœu partiel, à cause de l'indivisibilité de la république, ne se distingue point du vœu général ; la constitution est donc la seule chose que l'on oublie ?

Supposons qu'à la fédération de 90, nos sei-

gneurs de l'assemblée nationale (1) se fussent
avisés de dire à chaque fédéré : Vous venez représenter la nation entière dans la réunion de
toutes ses parties ; or, vous ne pouvez la représenter, car vous, vous êtes député de Lyon,
vous de Bordeaux, vous de Nantes, etc., vous
n'êtes pas des élémens dont chacun représente
le souverain, et vous ne pouvez former un tout
qui le représente.

Qu'auraient répondu les fédérés à un syllo-
gisme si concluant ? Il est vrai, nos seigneurs,
que chacun de nous en particulier ne représente point le souverain ; mais c'est pour cela
même que nous nous réunissons tous, afin que
la représentation du souverain résulte de la représentation de chacune de ses parties. La même
providence qui nous donna un corps, borna
chacun de nous à son canton, et ne lui permit
point se répandre sur tous les points de l'empire : si nous étions des génies, comme vous
nous pourrions planer en tous lieux ; mais puisque telle est notre condition, que nous ne pouvons la changer, souffrez que, pour nous exprimer plus clairement, nous empruntions une
figure proportionnée à nos organes. Imaginez
un instant que vous êtes des géographes chargés
de lever le plan général de la souveraineté représentative du peuple, et que nous sommes les
jalons destinés, par leurs sommités, à signaler

---

(1) C'était le titre que l'on donna d'abord aux membres de
l'assemblée constituante.

les compartimens de la mapemonde des votans. Faudra-t-il que chaque jalon puisse servir à signaler et à représenter toutes les positions à la fois ? Et ne pourriez-vous autrement lever le plan qu'on vous demande ? En verité, nos seigneurs, vous poussez les choses si loin, que vous rendriez toute représentation impossible. Et vous ne nous laissez d'autre parti à prendre que de nous en retourner, et de vous abandonner le champ.

Et si l'on n'eût point entendu cette réponse, qu'auraient répliqué les fédérés ? Rien ; car il y a deux cas où la réplique est impossible, lorsque la justesse du raisonnement est si éclatante, qu'elle nous environne en tout sens ; et lorsque l'absurdité est si révoltante, qu'on ne peut rendre l'évidence des idées contradictoires, qui tout-à-coup éblouissent la raison, et l'assaillissent avec une égale vivacicité.

Cependant si ces explications de journalistes ne s'appellent point corrompre la lettre de la constitution ; si ces mensonges, à force d'être répétés, finissent par être crus par les menteurs qui nous les donnent, il n'y a plus qu'à jeter tous les livres au feu, et celui de la constitution le premier.

M. J. SATUR.

Fautes à corriger.

: 9. Il serait facile de démontrer *que l'un...* lisez
qu'elle.

— 21. Il est certain que l'étude des sciences *excitées*
lisez *exactes.*

— 28. Ou par quelqu'autre subtilité *ridicule..* lisez
le ridicule.

— 63. La réprobation de l'assemblée *nationale...* lisez
constituante.

— 82. Hommes *de métier...* lisez *du métier.*

— 88. *Les moyens d'en arrêter les attentats, etc.* ajoutez
celle du cultivateur, etc.

— 103. Et *l'assaillissent...* lisez *l'assaillent.*

www.ingramcontent.com/pod-product-compliance
Lightning Source LLC
Chambersburg PA
CBHW052045270326
41931CB00012B/2638